포토에세이 구름

From Big To Small

지은이 손창현
펴낸이 임상진
펴낸곳 (주)넥서스

초판 1쇄 발행 2020년 8월 10일
초판 4쇄 발행 2022년 3월 30일

출판신고 1992년 4월 3일 제311-2002-2호
10880 경기도 파주시 지목로 5 (신촌동)
Tel (02)330-5500 Fax (02)330-5555

ISBN 979-11-90927-21-5 03320

이 도서의 국립중앙도서관 출판예정도서목록(CIP)은 서지정보유통지원시스템
홈페이지(http://seoji.nl.go.kr)와 국가자료공동목록시스템(http://www.nl.go.
kr/kolisnet)에서 이용하실 수 있습니다. (CIP제어번호 : CIP2020031375)

www.nexusbook.com

FROM BIG TO SMALL

프롬 빅 투 스몰

손창현 지음

넥서스BIZ

추천사

오버더디쉬, 마켓로거스, 파워플랜트, 아크앤북, 띵굴스토어. 힙한 공간에 관심 있는 이들이라면 한 번쯤 찾아가 보았을 이름들. 바로 손창현 대표의 손을 거쳐 탄생된 곳들이다. 버려진 공간에 숨을 불어넣는 기획자이자 스페이스 프로듀서인 OTD 손창현 대표가 처음으로 공간과 브랜드에 대한 자신의 생각을 가감 없이 담아낸 모노그래프(어떤 한 가지 사항이나 이슈만을 대상으로 깊이 연구한 원고)가 이 책이다.

이 책은 단순히 OTD 성장의 역사를 정리한 것이 아니다. 이 시대의 화두인 취향과 원츠, 팬덤, 플랫폼, 상생 등을 어떻게 공간에 녹여내야 하는지를 먼저 다양한 사례로 설명한다. 또한 그러한 원리를 OTD에서 어떻게 실행했으며, 빠른 시간 안에 '예비 유니콘'으로 선정될 수 있었는지에 대한 비결이 뒤따른다.

그중 하나는 철저한 '사람' 중심의 기획이다. 사람을 먼저 이해하려 했기에, '로컬 시장'이라는 포인트를 찾아낼 수 있었고, 각 지역에 적합한 브랜드를 발굴함으로써 성공할 수 있었다. 또한 책의 주제이자 제목인 'From Big to Small'에서도 알 수 있듯이, 의식 없는 대중이 아니라 의식 있는 소수에 속하고 싶은 이들의 심리에 어떻게 부응해야 하는지 예리하게 파고들고 있다. 온라인 활동이 더욱 활발해지고 있는 현시점에서도 공간이라는 물성의 힘을 믿고, 브랜드 콘셉트를 담는 그릇으로서의 공간의 중요성을 인식하는 사람이라면, 이 책에 실린 공간의 미래와 다양한 가능성을 눈여겨봐야 할 것이다.

《배민다움》 저자, 한양대 경영대학 홍성태 교수

인간에 대한 배려,
공간에 대한 창의적 혁명

2020년에 들어서며 전 세계는 코로나19로 인해 이전까지 겪어보지 못했던 전인미답의 불안하고 특수한 상황을 겪었습니다. 사람들은 불안과 공포 속에서 몇 개월 동안 외출을 자제하고, 만남을 최소한으로 줄이는 등 스스로를 격리하며 지냈습니다. 코로나 사태가 진정 국면으로 접어들었다는 신호가 떨어지자 사람들은 그동안 집안에 갇혔던 스트레스를 풀려는 듯 산으로, 공원으로, 해변으로 폭발적으로 몰려들었죠. 이런 상황을 지켜보며 저는 또 한 번 오프라인 공간의 소중함과 중요성을 새삼 느꼈습니다.

4차 산업혁명이 화두가 된 지 이미 여러 해이고, 인공지능(AI)과 로봇, 자율주행 자동차가 세상을 움직이게 되는 날이 머지않았다고 이야기합니다. 사람들은 인터넷과 모바일로 일을 하고, 친구를 사귀고, 쇼핑을 하고, 취미생활을 즐깁니다. 재택근무가 전혀 불편하지 않을 만큼 IT의 발전은 눈부십니다. 이런 여파로 시내 상가는 비어가고, 전문가들은 오프라인 소매시장의 몰락을 예고합니다.

고기능의 디지털 시대를 맞아 이성적으로만 판단해보면 편리한 온라인이 대세이며, 오프라인 공간에 대한 투자는 무의미할 수 있습니다. 하지만 감성적인 사람들은 여전히 집 밖의 공간에서 사람과 이어지기를 원하고, 작은 모험을 통해 삶의 자극과 활력을 되찾기를 희망합니다. 제가 오프라인 공간의 힘을 믿는 이유이기도 합니다.

건축을 전공했던 제가 '공간'이라는 개념에 대해 전혀 다른 시각으로 바라보기 시작한 것은 대학원 졸업 후 미국 샌프란시스코에서 1년 남짓 보냈던 때였습니다. 주말마다 찾던 페리터미널의 마켓에서 보낸 여유로운 시간이 좋았고, 그곳의 역동성이 마음에 들었습니다. 다른 사람들도 저와 비슷할 것이라고 생각했습니다. 공간에 매력을 느낀 저는 이후 건축 설계가 아닌 부동산 디벨로퍼의 길을 걸었고, 현장에서 익힌 감각과 안목을 가지고 버려진 공간에 생명과 숨결을 불어넣는 공간플랫폼 기업인 (주)오티디코퍼레이션(이하 OTD)를 창업하게 되었습니다. OTD를 창업한 뒤 잠자는 시간까지 쪼개가며 숨 가쁘게 달려왔습니다. 다른 어느 나라보다 빨리 변하는 트렌드와 소비자의 숨겨진 욕망을 읽으며 부단히 노력해온 결과, 많은 가시적인 성과가 있었습니다. 100%라고 할 수는 없지만, OTD가 손을 댄 곳 대부분은 화제를 불러일으키며 핫플레이스로 떠올랐고, 죽은 상권까지 살리는 효과를 보여주었습니다. 남들이 온라인을 공략할 때 OTD는 오프라인 공간의 매력을 믿으며, 인간의 내면적 속성을 이해하는 데 주력하였습니다.

그 결과 2019년 12월 중소벤처기업부로부터 미래의 가치를 인정받은 비상장 스타트업 기업인 '예비 유니콘(Unicorn)'으로 선정되는 쾌거를 이루었으며, 총 14개의 예비 유니콘 기업 중 유일하게 오프라인 기반 기업으로서 인정을 받은 것이기에 더욱 기쁠 수밖에 없었습니다. 2019년 한 해 동안 세계적으로 인 정받는 'TDC 어워드', '2019 레드닷 디자인 어워드', 'iF 디자 인 어워드' 3대 디자인상에서 수상을 한 것도 고무적인 일이었 습니다. 이 모든 것이 OTD가 가고자 하는 길이 인정받고 있다 는 증거라고 생각하기 때문입니다.

우리는 공간에서 벗어나서 살 수 없습니다. 익숙하고 편한 곳도 인간의 삶에서 필수적이지만, 낯선 공간과 새로운 체험에 대한 도전의식 역시 인간의 사라지지 않을 욕망 중 하나라고 생각합 니다.

저는 이 책을 통해 소비자가 가진 욕망과 오프라인 공간이 지닌 가치, 그리고 버려진 공간을 어떻게 채워나가야 할 것인가에 대 해 여러분과 함께 고민하고자 합니다. 그리고 시대의 변화로 생 겨난 스몰브랜드와 그들의 성공, 이들과의 상생에 대해 이야기 해보고자 합니다.

이전과 같은 방식으로는 소비시장에서 살아남지 못하는 시대 가 되었습니다. 사람에 대해 이해와 배려, 그리고 그를 담을 수 있는 창의적인 아이디어가 필요합니다. 이 책은 그에 대한 답을 찾고자 하는 과정이 담겨 있습니다.

책을 내기까지 도움을 준 모든 분에게 감사한 마음을 전하며, 부족하지만 이 책이 작은 단초가 되어 여러분이 성공과 행복의 길로 접어들 수 있기를 희망해봅니다.

2020년 7월

도시에서 많은 영감을 얻었습니다.

뉴욕, 도쿄, 샌프란시스코, 세계적인 도시의 옛 공간이
현시대에 맞게 재해석되는 과정이 큰 매력으로 다가왔죠.
여전히 오프라인의 물리적 공간은
무엇인가를 해야만 하는 곳으로 존재합니다.

'버려진 공간에 어떻게 사람들을 오게 만들까'라는
고민에서 출발하니 재밌는 것들이 많이 만들어졌습니다.
효율과 기능만을 강조해 일원화된 공간에선 '사람'이 사라집니다.
중요한 것은, 사람이 체류하며 만나는 경험입니다.

이제 소비자는 누구나 살 수 있는
'메가(mega) 브랜드'가 아니라 생산자의 취향과 개성이 강조된
'유니크(unique) 브랜드'를 찾아 나서기 시작했습니다.

작은 것들을 담아내는 큰 그릇의 필요,
동시에
규모나 자본만큼 중요한 다양한 개성과 취향의 가치

지금 우리는
'프롬 빅 투 스몰(From Big To Small)'
시대에 살고 있습니다.

PART.1

PART.2

PART.3

PART. 1

**스타벅스와 블루보틀,
빅브랜드와 스몰브랜드**

1

스타벅스와 블루보틀,
빅브랜드와 스몰브랜드

Small Brand

소비자는 럭셔리 브랜드라고 무조건 좋아하지 않습니다. 그런 시대는 이제 지났습니다. 시대의 흐름이 바뀜에 따라 루이비통조차 브랜드의 고유한 색을 고집하기보다는 젊은 감각의 브랜드와 콜라보레이션해 브랜드의 감성을 키우고자 하죠. 흔한 것보다는 특별하고, 보편적이기보다는 개성적이고, 그렇지만 대중에게서 멀리 떨어져 있지 않은 것을 찾는 소비자의 변화와 사회적인 상황이 맞물리면서 'From Big To Small', 즉 '스몰브랜드'가 등장하게 된 것입니다.

커피공화국,
대한민국

우리나라를 부르는 별칭 중 하나입니다. 우리나라의 성인 1인당 커피 소비량은 연간 353잔 수준으로 세계 평균 소비량인 132잔보다 약 3배가 더 많습니다. 인구 대비 커피 소비량으로는 세계 최고 수준[1]으로 한국인들의 커피 사랑이 어느 정도인지 짐작할 수 있는 통계죠.

우리나라의 커피시장은 2016년 약 6조 원에서 2년 만에 7조 원 규모로 성장했습니다. 전문가들 말에 의하면 2023년에는 커피시장이 약 9조 원 규모로 성장할 것[2]이라고 합니다. 눈길이 닿는 곳마다 커피숍과 전문점인데, 지금보다 시장 크기가 더 커진다니 이해가 가지 않을 수도 있겠지만, 커피를 즐기는 인구가 지속적으로 증가하고, 소비자들의 취향에 맞춰 커피도 다양화되기 때문으로 분석할 수 있습니다.

커피나 트렌드에 관심이 있는 사람이라면 2019년 5월 서울에 1호점을 연 커피 브랜드 블루보틀(Blue Bottle)을 알고 있을 겁니다. 한국에 들어오는 시기가 언제일지, 어느 지역에 1호점을 열 것인지 등 커피 마니아들 사이에서는 오픈 전부터 화제를 모으며 떠들썩했던 브랜드이지요. 실제 블루보틀 1호점이 성수동에 개장했을 당시 최대 6시간 대기라는 기록을 세웠으니 블루보틀에 대한 사람들의 관심과 인기가 어느 정도였는지 짐작할 수 있습니다. 1년이 넘은 지금도 SNS에서는 블루보틀 매장 방문 후기와 인증샷이 줄을 잇고 있으니 브랜드 지속성

---

1 2018년 기준, 'KB자영업 분석 보고서 – 커피 전문점 현황과 여건'(2019. 11. 6)
2 2018년 기준, 현대경제연구원

은 여전해보입니다.

특별할 것 없는 커피 한 잔 때문에 무슨 난리냐고 하는 사람도 있겠지만, 블루보틀에 대한 소비자의 반응은 최근 소비시장 패러다임의 변화, '스몰브랜드(Small Brand)'의 등장을 이해할 수 있는 가장 빠른 지표입니다.

세계 1위 '스타벅스'와
SNS 1위 '블루보틀'

리테일 관점에서 보았을 때 스타벅스는 빅브랜드, 블루보틀은 스몰브랜드에 해당합니다. 스타벅스는 전 세계 약 2만 8,000여개 매장, 블루보틀은 68개 매장이 있을 뿐이거든요(2019년 5월 기준). 이들 중 '좋은' 브랜드는 어느 것일까요? 여러분이 짐작하듯 우리나라 커피시장의 1위는 단연 스타벅스입니다(물론 세계적으로도 스타벅스가 1위입니다). 2018년 국내 스타벅스 매출액은 1조 5,000억 원을 넘어섰습니다. 2위인 투썸플레이스의 매출액은 2,700억 원으로 1위와 2위의 매출액 격차가 거의 5배 이상입니다. 커피시장에서 절대적인 우위를 차지하고 있는 것은 스타벅스임에도 불구하고, SNS에서 핫한 브랜드는 스타벅스가 아니라 블루보틀이에요. 그렇다면 우리가 잘 알고, 좋아하는 커피 브랜드이며 전 세계적으로 일등인 스타벅스가 SNS에서는 왜 블루보틀이라는 작은 브랜드에 밀리는 걸까요?

2017년 9월 세계 최대의 음료 회사인 네슬레가 블루보틀의 지분 68%를 약 4억 2,500만 달러(약 4,500억 원)라는 거액을 들여 인수했을

오늘날 블루보틀은 스타벅스와 같은 빅브랜드로 성장해가고 있지만,
그 처음은 지극히 사사로운 취향에서 시작된 '스몰브랜드'였다.

당시 저는 막연하게 블루보틀이 스타벅스보다 낫다고 인상비평하기보다 수치로 블루보틀의 가치를 증명해보고 싶었어요. 방법을 고민하다 매장당 가치를 측정해보기로 했습니다.

네슬레에 투자받을 당시 블루보틀은 전 세계에 매장이 50개밖에 없었습니다. 당시 블루보틀의 시가 총액을 매장 개수로 나눠보니 매장당 가치가 약 160억 원 정도 나오더군요. 그렇다면 상식적으로 세계 1위인 스타벅스는 그보다 훨씬 더 높은 가치가 나와야 하지 않을까요? 전 세계에 진출해 있는 스타벅스 매장을 취합해 가치를 매기기는 어려워 미국 시장에 한정해 계산을 해보았습니다(각국마다 판매 가격, 환율 등이 다르니까요). 결과는? 매장당 가치는 약 65억 원이었습니다. 미국이라는 시장에 한해서이긴 하지만, 블루보틀과 거의 2.5배 정도 차이가 납니다.

평준화된 맛 '블렌딩', 개인의 취향 '싱글오리진'

블루보틀이라는 브랜드의 시작은 한 명의 커피광에 의해서였습니다. 제임스 프리먼(James Freeman)이라는 클라리넷 연주자였죠. '세상에서 가장 맛있는 커피'를 즐기고 싶었던 프리먼은 2002년, 자신이 살고 있던 오클랜드의 작은 창고에서 직접 커피를 내렸어요. 최고의 커피를 만들기 위해 한 번에 5파운드씩만 로스팅했죠. 프리먼은 그로부터 3년 뒤인 2005년, 블루보틀이라는 이름을 달고 미국 샌프란시스코에 첫 매장을 열게 됩니다. 그것이 바로 '커피계의 애플'이라고 불리는 블루보틀의 시작입니다. 10년이 지난 지금 블루보틀 역시 스타벅스와 같은 빅브랜드로 성장해가고 있지만, 그 처음은 지극히 사사로운 취향에서 시작된 '스몰브랜드'였어요.

좀 더 구체적으로 스몰브랜드의 특성을 살펴보기 위해 커피 원두의 추출 방식 측면에서 한번 살펴보겠습니다. 블렌딩(blending)은 말 그대로 원두를 섞는 것을 의미하고, 싱글오리진(single origin)[3]은 각 생산지에서 생산되는 단일 품종의 커피를 말합니다. 예를 들어 '에티오피아 예가체프'라는 커피는 에티오피아라는 나라의 예가체프 지역에서 생산된 단일 품종의 커피를 의미하죠.

블렌딩과 싱글오리진의 차이를 설명하기 위해 간단하게 커피의 역사를 한 번 살펴볼까요? 커피의 출발점은 에티오피아와 예멘이에요. 에티오피아에서 발견되어 11세기 초 예멘에서 최초로 경작되었죠. 아라비아인들은 자신들의 주요 수입원인 커피나무가 다른 나라로 유출되는 것을 금했기 때문에 커피 열매를 삶거나 건조시키지 않으면 다른 나라로 가져갈 수가 없었어요. 이처럼 철저하게 봉인되어 있던 커피가 유럽에 퍼지기 시작한 것은 15세기 오스만투르크가 오스트리아의 빈을 침략함으로써 이루어지게 되고, 17세기에 이르러서야 커피나무를 몰래 빼돌리는 데 성공한 네덜란드 상인에 의해 커피 종자가 유럽에 들어가게 됩니다. 그리고 유럽에서 다시 미국으로 커피가 넘어가게 되죠. 미국은 현재 전 세계 커피 소비량 1위를 차지할 정도로 커피를 즐

---

3   싱글 오리진(single origin): 단일한 기원이라는 의미로, 일반적으로 단일 품종을 일컫는다.

겨 마시는 나라이기도 합니다.

커피나무를 재배하지 못한 미국은 유럽의 식민지인 인도네시아에서 원두를 수입해야 했어요. 자연스럽게 로스팅 기계도 유럽에서 제작한 것을 가지고 와서 사용해야 했죠. 그런데 유럽과 미국은 계량 단위가 달랐어요. 유럽은 킬로그램(kg)과 그램(g)을 사용하는데, 미국은 파운드(pound)를 쓰고 있거든요. 단위가 다르다 보니 로스팅할 때 오차가 생기면서 원두가 조금씩 남는 거예요. 수입업자 입장에서는 당연히 원두가 아깝겠죠. 원두를 어떻게 할까 고민하던 수입업자는 에라 모르겠다, 남은 원두를 한데 섞어서 볶아버려요. 어? 그런데 이게 나름대로 맛이 괜찮은 거예요. 이것이 우리가 알고 있는 블렌딩 커피의 시초입니다.

대중이 원하는 가치는
무엇일까?

원두를 블렌딩한 커피는 나름대로 장점이 있습니다. 커피는 와인과 닮은꼴로 볼 수 있는데, 단일 품종인 싱글오리진은 향이나 산미의 강도에 따라 구분할 수 있습니다. 이 말은 커피가 호불호가 강한 식품으로 취향에 따라 선택이 달라질 수 있다는 것을 의미해요. 그런데 커피를 섞으면 어떻게 될까요? 산미가 강한 원두와 산미가 적은 원두를 섞으면 어느 한쪽으로 튀지 않는 평범한 맛, 즉 맛이 평준화되고 말아요. 좋게 말하면 누구나 거부감 없이 가볍게 마실 수 있는 균형감 있는 커피가 되는 거죠.

블렌딩과 싱글오리진은 추출 방식에서도 차이가 납니다. 커피전문점에서 에스프레소 머신을 본 적이 있을 거예요. 머신에 커피를 일정량 넣고 압력을 가하면 에스프레소 샷이 나오죠. 이 에스프레소 머신의 장점은 짧은 시간에 커피 원액을 뽑아낼 수 있다는 거예요. 그런데 싱글오리진에 고압이나 고열을 가하면 커피 고유의 향이 사라져버리고 말아요. 그렇기 때문에 커피 고유의 향과 맛을 느끼려면 핸드 드립으로 커피를 추출해야 해요. 그러니 시간이 걸릴 수밖에 없겠죠? 에스프레소 머신을 사용하는 스타벅스는 단시간에 커피를 내려 많은 직장인이 점심시간에 와서 커피를 마실 수 있는 브랜드, 즉 대량생산에 맞는 브랜드이고, 그에 맞는 블렌딩 원두를 사용하지요.

스타벅스와 달리 브랜드가 만들어진 지 약 15년이 된 블루보틀은 지금도 로스팅한 지 48시간 이내의 원두만 사용하는 것을 원칙으로 하고 있어요. 누구나 거부감 없이 마실 수 있는 대중적이고 보편적인 맛이 아니라, 개인의 취향에 맞춰 섬세하게 고른 원두로 오랜 시간 동안 정성 들여 추출해 향을 느끼며 특색 있는 커피를 마실 수 있도록 하고 있어요. 블루보틀 매장에 가면 손님이 많지 않은데도 커피를 주문한 후 나오기까지 20분 이상 걸리는 것은 이 때문이고, 커피가 늦게 나온다고 해서 화를 내는 손님도 없는 것도 마찬가지 이유입니다. 이것이야말로 지금의 소비자가 원하는 스몰브랜드의 가치입니다. 전 세계적으로 소비되고 있는 맥도널드와 '쉑쉑버거'라고 불리는 수제버거 쉐이

크쉑(Shakeshack)[4]도 같은 맥락으로 이해할 수 있습니다.

지금의 소비자는 럭셔리 브랜드라고 무조건 좋아하지 않습니다. 그런 시대는 이제 지났습니다. 시대의 흐름이 바뀜에 따라 루이비통조차 브랜드의 고유한 색을 고집하기보다는 젊은 감각의 브랜드와 콜라보레이션해 브랜드의 감성을 키우기 위해 애쓰고 있습니다.

흔한 것보다는 특별하고, 보편적이기보다는 개성적이고, 그렇지만 대중에게서 멀리 떨어져 있지 않은 것을 찾는 소비자의 변화와 사회적인 상황이 맞물리면서 'From Big To Small', 즉 '스몰브랜드'가 등장하게 된 것입니다.

---

4   2001년 뉴욕 메디슨 스퀘어 공원 복구 사업을 위한 USHG(유니언 스퀘어 호스피탈리티 그룹)의 핫도그 카트에서 시작된 브랜드다. 핫도그 카트는 매해 여름 길게 줄을 설 정도로 인기를 끌었고, 2004년 'SHAKE SHACK'이라는 간판을 걸고 시작했다.

2

**'needs'의 시대에서
'wants'의 시대로**

차별화된 경험을 제공하는 공간 이크앤북 성수점

wants의 시대

풍요로워진 사람들은 이제 'needs'에 의해서가 아니라 'wants' 하는 것을 찾아 소비하기 시작합니다. 과거에는 가성비 좋은 제품을 대량 생산해서 필요(needs)한 사람들이 사용할 수 있도록 하는, 획일화된 소비가 가치 있는 일이었다면 지금의 소비자는 남들과 다른 것, 차별화되는 것을 원하고(wants), 생산자는 소비자의 이런 욕구를 충족시켜주는 것이 가치 있는 일이 된 거예요.

우리는 지금 과거 그 어느 때보다 물질이 풍족한 시대에 살고 있습니다. 현대의 소비시장은 물물교환을 하던 과거와는 완전히 다르죠. 소비란 인간이 의식주를 충족시키기 위해 하는 행위이기도 하지만, 일정 수준을 넘어서면 그때부터는 삶을 풍성하게 만들고, 자신의 가치를 과시하거나 욕망을 충족시키기 위한 도구로 이용되기도 하죠. 생존 문제에서 벗어난 이후의 소비는 갈수록 정교해지고 복잡해지기 마련입니다. 따라서 지금의 소비시장에서 살아남으려면 이런 시대의 변화를 이해하고, 소비 트렌드와 그 트렌드를 바탕으로 한 소비자의 욕망을 읽어낼 수 있어야 합니다. 그래야 어떤 것을 어떤 방식으로 생산할지 판단할 수 있기 때문이죠. 이런 점에서 소비의 역사를 돌아보고 한 시대의 트렌드를 분석한다는 것은 기업은 물론 자영업자, 소상공인, 창업 준비자 모두가 빼놓을 수 없는 중요한 일입니다.

과거와는 전혀 다른
소비패턴

몇 년 전 남녀노소 할 것 없이 '응칠앓이'에 빠지게 했던 드라마 〈응답하라〉 시리즈가 있었습니다. 이 드라마를 보면 1980~90년대의 소비 행태가 지금과 어떻게 다른지 확인할 수 있습니다. 가장 큰 특징은 집집마다 별 차이가 없다는 점이에요. 1980년대 전후 각 가정의 식탁에는 대부분 레이스 식탁보가 깔려 있었고, 고만고만한 TV와 냉장고 같은 가전제품이 갖춰져 있었으며, 손님이 오면 맥심커피나 델몬트 주스를 꺼내 대접했어요. 이 드라마가 인기를 끌었던 것은 몰입도를 높이는 탄탄한 대본과 배우들의 명연기 덕도 있었겠지만, '아, 우리도 예전에는 저렇게 해놓고 살았었는데…', '그래, 저런 시절이 있었지'라는 옛 향수에 대한 그리움도 한몫 차지했을 거라고 생각합니다.

당시 중산층의 삶을 돌아보면 그다지 복잡한 것이 없었습니다. 고등학교 혹은 대학교를 졸업한 뒤 회사에 취직해서 열심히 일하고, 어느 정도 나이가 차면 결혼해서 아이를 낳았죠. 첫 차로 프라이드를 타다가 좀 더 나이가 들면 소나타로 갈아타고, 열심히 저축해서 집 한 채 마련하는 꿈을 꾸며 성실하게 살아가는 것이 평범한 중산층의 삶이었어요. 이렇게 사는 것이 마치 삶의 정답처럼 여겨졌기 때문에 여기에서 조금만 벗어나도 괴짜 취급을 받는 경우가 많았습니다.

패션도 별반 다를 것이 없었어요. 한 예로 1980~90년대 인기를 끌었던 청바지 브랜드로는 게스(Guess)가 있습니다. 게스는 당시 청바지의 대명사라고 할 정도로 파워가 있었어요. 당시 핫플레이스였던 압구정동 로데오에 가려면 적어도 게스 청바지 정도는 입어줘야 사람들에게 무시당하지 않았어요. 게스 청바지를 입고 압구정동을 걷다가 비슷한 또래가 지나가면 상대도 게스 청바지 차림인 것을 확인하며 뿌듯해하곤 했어요. 멋을 좀 안다는 거죠. 그러나 지금은 어떤가요? 회사에 출근하거나 모임에 나갔는데 나와 똑같은 옷을 입은 사람이 있다? 그러면 대부분은 옷을 당장 바꿔 입고 싶을 만큼 창피할 거예요. 이건 어떤 의미일까요? 약 30여 년 사이에 라이프스타일이 완전히 변하면서 사람들의 개성도 강해지고 삶 자체가 복잡다단해졌다는 뜻이지요.

획일화된 소비에서
차별화된 소비로

1953년 한국전쟁이 휴전으로 끝날 당시의 우리나라는 세계 최빈국이
었습니다. 우리나라 1인당 명목 국민총소득(GNI)이 1만 달러를 넘어
선 것은 전쟁이 끝난 후 40여 년이 지난 1994년이었어요. 그리고 12
년 만인 2006년에 국내총소득(GDI)이 2만 달러를 넘어섰고, 다시 12
년 만인 2018년에 선진국 대열 진입 기준으로 삼는 3만 달러를 넘어
섰습니다. 최빈국이 자력으로 가난을 벗어난 경우도 거의 없지만, '한
강의 기적'이라고 불릴 만큼 우리나라는 세계에서 유례를 찾아볼 수
없을 정도의 빠른 경제 성장을 이뤄냈습니다. 이러한 사실만으로도 우
리는 스스로 한국 사람이라는 것에 충분히 자부심을 가져도 된다고 생
각합니다.

　1인당 GDI가 1만 달러인 시점의 소비시장에서는 차별화라는 것이
존재하지 않습니다. 이때는 수요를 공급이 따라가지 못하는 소위 말하
는 'needs(필요)'의 시대예요. 다시 말해 수요가 너무 많기 때문에 생
산자가 물건을 대량으로 만들어 시장에 공급하면 소비자는 별다른 의
문 없이 똑같은 물건을 사서 소비하는 시대인 것이죠. 그러다 선진국
진입 척도가 되는 GDI 3만 달러의 시대에 들어서게 되면 삶의 모습은
복잡해지기 시작합니다. 기본적인 의식주는 해결되었고, 집집마다 차
도 한 대씩 있고, 웬만한 것은 입어보고, 가져보고, 먹어보는 등 일반적
인 것은 다 해본 상태입니다. 이제 세상은 공급보다 수요가 컸던 시대
에서 수요보다 공급이 더 큰 시대로 넘어가게 됩니다.

　경영학자인 한양대학교 홍성태 교수는 이를 'needs(필요)'에서

'wants(원함)'로 넘어가는 시대라고 설명합니다. 예전보다 풍요로워진 사람들은 이제 'needs'에 의해서가 아니라 'wants'하는 것을 찾아 소비하기 시작합니다. 과거에는 가성비 좋은 제품을 대량 생산해서 필요(needs)한 사람들이 사용할 수 있도록 하는, 획일화된 소비가 가치 있는 일이었다면 지금의 소비자는 남들과 다른 것, 차별화되는 것을 원하고(wants), 생산자는 소비자의 이런 욕구를 충족시켜주는 것이 가치 있어진 것입니다.

국민소득 3만 달러가 넘어서면 소비자들은 물건 하나를 살 때도 가격보다는 구매 과정이나 서비스, 개인의 취향을 더 중시하는 소비 성향을 보입니다. 또 남들에게 과시하는 소비 성향을 넘어서 자기만족, 경험을 중요시하는 체험 소비 형태가 부상하기 시작합니다.

소비자 욕구 변화,
체험 소비

요즘 소비자들은 똑같은 소비를 하더라도 색다른 경험과 재미를 추구합니다. 자신이 가치 있다고 여기고, 행복해질 수 있는 소비를 하는 거죠. 최근 소비자들의 성향을 가장 잘 나타내는 가장 대표적인 예는 여행일 것입니다. "집 나가면 고생"이라고 하지만, 사람들은 사서 고생을 하죠. 물건을 소유하는 것은 아니지만, 특별한 체험을 위해 돈을 쓰는 거예요. 여행에서도 사람들은 각자가 추구하는 가치, 행복이 다릅니다. 어떤 사람은 저렴한 유스호스텔에 머무는 이유가 세계에서 몰려든 여행자들과 대화를 나누기를 원해서지만, 어떤 사람은 자신이 묵어보고 싶은 유명한 호텔에서 하룻밤을 보낼 비용을 마련하기 위해 나머지 날을 유스호스텔에서 머뭅니다.

체험 소비도 마찬가지입니다. 체험 소비라고 해서 어렵거나 거창하게 생각할 필요는 없습니다. 라라브레드라는 베이커리 카페를 예로 들어볼까요? 라라브레드는 '죽은 빵도 살린다'는 발뮤다 토스터가 한창 이슈였을 때 소비자가 직접 발뮤다 토스터에 빵을 구워 잼을 발라먹을 수 있도록 했어요. 토스트를 구워서 팔 수도 있었겠지만, 일부러 소비자가 빵을 굽게 해서 발뮤다 토스터에 대한 궁금증을 해소하고, 구워먹는 재미도 느끼게 한 거죠. 소비자는 이를 수고라고 여기지 않고, 경험의 가치라고 여깁니다. 기꺼이 체험을 소비하는 것이죠. 라라브레드에는 지금도 발뮤다 토스터가 있습니다.

사람들은 천편일률적인 대형서점 대신 발품을 팔아 개성 넘치는 작은 서점을 찾고, 일반인들에게 잘 알려지지 않은 멋진 물건 혹은 브랜

이제 소비자는 생산자의 취향과 개성이 강조된 '유니크(unique) 브랜드'를 찾아 나서기 시작했다. 사진은 소비자가 매장에서 직접 발뮤다 토스터에 빵을 구워 잼을 발라먹을 수 있도록 한 라라브레드

드를 찾아내고서 만족해합니다.

이제 소비자는 대기업에서 만든, 누구나 살 수 있는 '메가(mega) 브랜드'가 아니라 생산자의 취향과 개성이 강조된 '유니크(unique) 브랜드'를 찾아 나서기 시작했습니다. 유니크의 기반에는 희소성이 깔려 있고, 희소성은 곧 스몰브랜드로 이어지게 됩니다.

빅브랜드보다
스몰브랜드인 이유

맥도널드가 처음 생긴 것은 제가 초등학교 6학년 때였어요. 학급에서 제일 잘사는 친구가 맥도널드 1호점(압구정동)에서 생일파티를 열었어요. 한여름에 찾아간 맥도널드는 어린 눈에 별천지 같았죠. 입구에는 거대한 삐에로가 있고, 문을 열고 들어선 내부는 깨끗하고 넓은 데다 그렇게 시원할 수가 없었어요. 당시만 해도 생일파티를 맥도널드에서 한다는 건 신나는 일을 넘어 충격적이기까지 했어요.

만약 요즈음 누가 생일파티를 맥도널드에서 한다고 하면 주변에서 어떤 반응을 보일까요? 센스 없는 부모라고 수군거릴지도 모르겠네요. 맥도널드를 비하하는 것이 아니라 시대가 변했다는 뜻입니다. 우리나라에 맥도널드가 처음 생겼을 때만 하더라도 브랜드의 가치는 상당했습니다. 하지만 지금은 그 시대 맥도널드가 가지고 있던 가치와 등식이 성립되지 않습니다.

몇 년 전만 해도 파리바게트나 뚜레쥬르 같은 프랜차이즈 빵집이 생기면 동네 빵집은 모두 망했습니다. 동네 빵집에 비해 프랜차이즈 빵집은 종류도 다양하고, 패키지도 세련되고, 고급스러운 데다 인테리어도 깔끔해 소비자들이 선호했기 때문입니다. 이런 분위기 때문에 동네 빵집이 줄줄이 문을 닫아야 하는 지경에 이르자 결국 정부까지 나서서 동네 빵집을 보호하고 나섰습니다. 프랜차이즈 제과점업을 적합업종으로 지정해 프랜차이즈 빵집은 전년 대비 2% 이내에서만 신규 출점이 가능하도록 하고, 인근 중소 제과점 500m 이내에는 매장을 낼 수 없게 하는 법률을 만든 거예요.[5]

하지만 최근 동네 가게들에 변화가 생기기 시작했습니다. 동네 빵집만의 빵과 분위기가 형성된 것이지요. 그래서 과거와 반대로 동네 빵집이 생기면 그 주변에 있는 파리바게트 같은 프랜차이즈 빵집이 고전을 면치 못하게 되었습니다. 소비자가 더는 어디서나 맛볼 수 있는 똑같은 빵을 원하지 않기 때문이죠. 예를 들어 서촌에서는 '스코프(Scope)'라는 빵집에 가길 원하고, 신사동 가로수길에서는 '연립빵공장'을, 연남동에서는 '만동제과'를 가는 식으로 그 동네에서만 맛볼 수 있는 유니크함을 원하게 된 거예요.

이런 베이커리 시장이나 커피 시장에서 일어나는 패러다임의 변화는 거대한 리테일 시장의 취향 변화와도 맞닿아 있습니다. 햄버거를 먹어보기 원했던 니즈(needs)의 시대에는 맥도널드가 좋은 브랜드였지만, 이제는 다릅니다. 절대적 빈곤이 사라졌고 소비 패턴도 달라졌습니다.

---

5 제과점업, 음식점업 7개 업종 등 총 16개 업종 지정. 2013년 2월 5일 동반성장위원회 중소기업 적합업종(품목) 지정권고 발표

소비는 '한 사람의 개성을 표현하는 그릇'과도 같습니다. 이제 맥도널드, 스타벅스, 파리바게트 같은 빅브랜드를 소비하는 사람을 일컬어 트렌디하다고 말하지 않습니다. 이 시대에 맞는 가치는 쉐이크쉑버거이며, 블루보틀이며, 동네 빵집입니다. 다시 말해 우리는 지금 'From Big To Small(큰 것에서 작은 것으로)' 시대에 살고 있는 것입니다.

이제 소비자는 어디서나 맛볼 수 있는 빵을 원하지 않는다. 그 동네에서만 맛볼 수 있는 동네빵집을 원하게 된 것이다. 왼쪽부터 서촌의 스코프(Scope), 가로수길의 연립빵공장, 연남동의 만동제과

3

소비자에서 생산자로,
그리고 스몰브랜드

띵굴의 취향과 안목이 담긴 스몰브랜드의 천국
살림편집숍 띵굴스토어 & 띵굴브라이트

생산자와 소비자가 함께하는
국내 최대의 프리마켓, 띵굴시장

Prosumer

이제는 누구나 생산자가 될 수 있습니다. 더는 소극적이고 수동적인 소비자로 남아 있을 필요가 없습니다. 마음에 드는 물건을 찾지 못하면 적극적으로 공급을 창출할 수 있는 정보와 수단을 가질 수 있게 되었으니까요. 이 과정에서 특별하고 차별화된 '스토리'를 가진 개성 있는 스몰브랜드가 탄생하게 되고, 이런 스몰브랜드는 SNS를 통해 이름을 알리며 또 다른 소비자의 마음을 움직이게 됩니다.

몇 년 전부터 4차 산업혁명이 화두입니다. 산업혁명이란 기존의 생산적 활동 방법이 혁신적으로 바뀌는 혁명적인 분기점을 의미합니다. 모두 잘 알다시피 증기기관과 기계화로 대표되는 1차 산업혁명은 18세기 중엽 영국에서 시작됐죠. 이후 전기 엔진의 발명으로 대량 생산이 본격화된 2차 산업혁명과 1969년 컴퓨터 정보화(인터넷)와 자동화 생산 시스템이 주도한 3차 산업혁명을 지나 지금은 인공지능(AI)과 로봇 기술로 대표되는 4차 산업혁명 시기입니다. 기계(1차)-전기(2차)-정보(3차)에 이르기까지 산업혁명은 100여 년에 걸쳐 서서히 진행되어 왔지만, 20세기에 들어선 뒤 기술의 발전은 '무어의 법칙'[6]으로도 설명되듯이 그야말로 바람처럼 질주하고 있습니다. 우리가 여기서 눈여겨보아야 할 것은 급격한 기술의 발전, 그리고 기술의 보편화로 인해 이제 소비자가 더는 단순히 소비자로 머무르지 않고 생산자로 직접 나설 수 있게 되었다는 점입니다.

소비자의 진화
'프로슈머'

2000년대 이후 새롭게 생겨난 개념인 '프로슈머(prosumer, 소비자인 동시에 생산자)' 이야기를 하기 앞서 잠시 제품 디자인에 대해 이야기해 볼까 합니다. 소비생산자가 탄생한 이면에는 디자인도 하나의 중요한

---

6 무어의 법칙(Moore's Law): 마이크로칩의 밀도가 24개월마다 2배로 늘어난다는 인터넷 경제의 3원칙 중 하나. 기술의 발전을 비유할 때도 사용된다.

원인으로 작용했으니까요.

일반적으로 현대 디자인의 시작은 바우하우스(Bauhaus) 때부터라고 말합니다. 바우하우스는 1919년 건축가 발터 그로피우스(Walter Gropius)가 세운 미술학교와 공예학교를 병합하여 설립한 독일의 조형학교로, 지금은 하나의 미술사조로 조명되고 있어요. '집을 짓는다'는 의미의 바우하우스는 말 그대로 건축 중심의 교육을 했고, 1933년 나치에 의해 강제 폐교되기까지 약 14년밖에 존속하지 못했지만, 지금까지 도시 계획·회화·조각·공업 디자인 등 모든 시각예술 분야에 영향을 미칠 정도로 그 파급력은 대단했죠.

바우하우스 이전까지 물건은 '생산자의 관점'에서 디자인했습니다. 공장에서 대량생산으로 찍어내던 물건은 디자인이라기보다 그저 색을 부여하는 정도였습니다. 그러나 "예술과 기술의 새로운 통합"이라는 슬로건을 내건 바우하우스는 "형태는 기능을 따른다"는 기본 모토

현대 디자인의 시작, 독일 데사우의 바우하우스(Bauhaus)

에 따라 기능적인 것에 가치를 구현하기 시작했어요. 그리고 사람들의 실생활에서 도움이 되는 디자인, 간결하면서도 기능성을 살린 디자인으로 많은 스테디셀러를 생산했지요. 바우하우스는 14년이라는 짧은 기간 동안 존재했지만 현재까지 많은 사랑을 받는 작품을 만든 디자이너가 활동했던 곳이기도 하고, 애플의 스티브 잡스도 자신을 바우하우스의 후예라고 말했을 정도로, 바우하우스의 영향력은 현대 디자인에서 무시하지 못할 정도로 큽니다.

그런데 2000년대 들어와서 소비자의 취향은 너무나도 다양해졌습니다. 디자인의 관점을 완전히 새롭게 본 바우하우스의 철학조차도 그 다양성을 담을 수 없게 되었습니다. 이제는 누군가 사전에 완벽하게 기획하고 디자인을 세분화해서 대량생산으로 이를 맞추기란 불가능해졌어요. 차별화되고 특별한 것을 원하는 소비자들은 자신을 충족시켜줄 만한 디자인의 제품을 찾기 어려워지자 직접 생산라인에 뛰어드는 쪽을 택했습니다. 이것을 가능하게 한 것이 바로 산업혁명이 이루어낸 기술의 발전입니다.

물건을 만드는 데 있어 정보와 테크닉(기술)은 아주 중요합니다. 과거에는 이 정보와 테크닉이 전문가만이 가질 수 있는 것이었어요. 지식이 없는 일반인이 제품을 만든다는 것은 상상조차 할 수 없었어요. 그러나 지금은 다릅니다. 정보가 일반화되면서 기술에 대한 지식이 전무한 사람도 작정하고 조금만 연구하고 궁리하면 물건을 만드는 것이 크게 어렵지 않게 되었습니다.

예를 들어보겠습니다. 퀼트 원단 기업인 '미주리스타퀼트 컴퍼니'라는 회사가 있어요. 미주리스타퀼트는 제니 도안이라는 여성이 가족과 함께 세운 기업이에요. 2008년 경제 위기가 닥치면서 남편이 일자리를 잃자 노후 자금을 마련하기 위해 궁여지책으로 개인의 취미 생활인 퀼트를 가르치는 튜토리얼[7] 영상을 찍어 올린 것이 이 회사의 시작이에요. 현재 세계에서 가장 큰 퀼트 원단 기업으로 성장한 미주리스타퀼트는 경제 위기로 거의 폐허처럼 변했던 작은 도시에 새 생명을 불어넣을 정도로 크게 성장했어요. 급작스럽게 덩치가 커져 물량을 쌓아둘 창고가 필요해졌지요. 이에 미주리스타퀼트는 유튜브로 성장한 기업답게 전문가의 도움을 받지 않고 '유튜브에 있는 아마존 영상'을 보고 창고를 지었다고 합니다.

이처럼 이제 무언가를 만들거나 배우는 것은 일반인들에게 어려운 일이 아니에요. 자동차 카뷰레터를 교체하는 방법부터 가구를 조립하는 법, 수제 비누 만드는 법, 심지어 권총 만드는 법까지도 유튜브에서 어렵지 않게 찾을 수 있으니까요. 과거에는 그래픽 디자인이나 동영상 제작이 전문적이고 어려운 일에 속했지만, 지금은 누구나 배울 수 있는 기술이 되었어요.

3D 프린터[8]의 등장도 이런 세태에 기름을 부었습니다. 요즘은 3D 프린터로 하루 만에 집을 뚝딱 만들어내고, 자동차의 부속품은 물론 우주선의 부품도 만들어요. 심지어 초콜릿이나 분말 등을 이용해 요리도 만들어냅니다. 그것도 아주 근사하게 말이지요. 이런 3D 프린터가 상용화된다면 얼마든지 내가 원하는 디자인의 물건을 집에서 만들 수

---

7 튜토리얼(tutorial): '개별 지도 시간', '사용 지침서'라는 의미로 무언가를 배우기 위해 사용하는 교재, 지침을 뜻한다.

8 3D 프린터(3D printer): 입력한 도면을 바탕으로 3차원의 입체 물품을 만들어내는 기계

있습니다.

즉, 옛날에는 누군가 대량으로 만들어놓은 볼펜을 사용해야 했지만, 이제는 내가 생각하는, 나만의 볼펜을 만들어 사용할 수 있게 된 거예요. 그리고 내가 만든 것을 누군가 마음에 들어 하면 그것을 내다팔 수 있는 '프로슈머'의 시대가 온 것이지요. 이러한 과정을 통해 만들어지는 브랜드가 바로 이 책에서 이야기하고자 하는 '스몰브랜드'입니다.

SNS를 통해 퍼져나가는
스몰브랜드

지금까지 소비는 욕망이나 쾌락, 혹은 사치를 위한 천박한 물질주의의 산물처럼 여겨져 왔습니다. 생각해보면 실제 우리는 어릴 때부터 지나친 소비는 나쁜 것이라고 교육받으며 자라지 않았나요? 카를 마르크스는 소비를 '상품 물신숭배'라고 부르며 잘 먹고 잘 입고자 하는 인간의 욕구를 "인간적 기능이 아닌 동물적 기능"이라고 비하하기까지 했습니다. 그러나 지금은 경제의 선순환 구조를 위해 소비를 장려하고 있으며, 개인의 행복을 위해서 없어서는 안 될 중요한 기능 중 하나로 여기고 있습니다.

영국의 역사학자인 프랭크 트렌트만(Frank Trentmann)도 2012년 "소비는 생산의 그림자에서 빠져나왔다"고 말한 적이 있죠. 경제 전체의 총 공급이 필연적으로 동일한 양만큼의 총 수요를 만들어낸다는 의미의 "공급이 수요를 창출한다"고 이야기한 케인즈의 '세이의 법칙(Say's law)'도 이제는 옛말이 되었습니다. 공급은 스스로 수요를 창출하지 않아요. 대기업이 만들어내는 빅브랜드로는 다양해지고 세분화된 소비자의 마음을 충족시키지 못하게 되었다는 의미입니다.

　이제는 개개인 누구나 생산자가 될 수 있습니다. 더는 소극적이고 수동적인 소비자로 남아 있을 필요가 없습니다. 마음에 드는 물건을 찾지 못하면 적극적으로 공급을 창출할 수 있는 정보와 수단을 가질 수 있게 되었으니까요. 이 과정에서 특별하고 차별화된 '스토리'를 가진 개성 있는 스몰브랜드가 탄생하게 되고, 이런 스몰브랜드는 SNS를 통해 이름을 알리며 또 다른 소비자의 마음을 움직이게 됩니다. 그렇다면 이렇게 해서 태어난 스몰브랜드에는 어떤 것이 있는지 한번 살펴보도록 하겠습니다.

4

가업과 스토리텔링

할머니 대부터 내려오던 막걸리 양조 기술로
새롭게 탄생한 복순도가

서울에서 가장 오래된 빵집
74년 전통의 태극당

Storytelling

사람들은 특성상 자신이 예상치 못한 발견을 하게 되면 흥미를 느낍니다.
마음을 움직이는 감동 스토리가 있고, 생산자의 개성과 취향이 살아 있는
스몰브랜드가 바로 그런 류에 속합니다.

요즘은 쇼핑도 인공지능(AI)화되어서 인터넷에서 관심 가는 브랜드나 물품을 한 번 클릭하면 그때부터 그와 유사한 제품 광고가 집요하게 따라다닙니다. 유튜브나 인스타그램에서도 사정은 비슷합니다. 음악이나 게임, 반려견 등 한 가지 아이템의 영상을 찾아보고 나면 그와 유사한 콘텐츠 중심의 추천 영상이 계속 뜹니다. 이처럼 인공지능에 의해 개인·맞춤형 추천 기능이 지속적으로 고도화되고 있긴 하지만, 빅데이터가 닿지 못하는 영역도 분명히 있습니다. 그리고 사람들은 특성상 자신이 예상치 못한 발견을 하게 되면 흥미를 느낍니다. 마음을 움직이는 감동 스토리가 있고, 생산자의 개성과 취향이 살아 있는 스몰 브랜드가 바로 그런 류에 속합니다.

뉴트로의 성지,
'태극당'

'태극당'은 서울에서 가장 오래된 빵집입니다. 1945년 광복이 된 후 일본인이 운영하던 제과점 '미도리야'를 인수해 1946년 명동에 오픈했으니 70년이 넘은 셈입니다. 한낱 빵집이라고 생각할 수 있지만, 전성기 때의 태극당은 대단했습니다. 서울에서 세금을 가장 많이 내는 회사 중 항상 10위권 안에 들었고(창업주인 고 신창근 대표는 1976년 재산세를 가장 많이 낸 인물로 등록되었습니다) 서울에만 직영점 7곳, 예식장과 제과학교까지 운영할 정도였으니까요.

하지만 위풍당당하던 태극당도 세월을 비껴갈 수는 없었습니다. 새로운 것을 추구하는 신세대들의 욕구와 시대의 흐름인 프랜차이즈점에 밀려 태극당의 시대도 끝나는 듯 보였습니다.

신경철 전무가 태극당을 이어받게 된 것은 2013년이었습니다. 2대째 태극당을 이어받아 운영 중이던 아버지(신광렬 대표)가 뇌출혈로 돌아가신 데다 한 달 뒤 창업주인 할아버지마저 별세하며 갑자기 일어난 일이었죠. '태극당 손자'로 불리며 걱정 없이 지내던 신경철 전무가 태극당에 입사한 지 1년여, 그동안 배운 것이라고는 카운터에서 계산하는 것 정도가 전부였어요. 그러던 중 갑작스레 회사를 맡게 된 신 전무는 태극당의 운영 상태를 체크하면서 깜짝 놀랐어요. 예식장이나 제과학교 등은 예전에 접은 것을 알고 있었지만, 빵집 카페 매출이 0원인 날도 있다는 것은 몰랐던 거죠. 한마디로 재무 상태가 엉망이었어요.

가족들이 모여 태극당을 살리기 위해 머리를 맞댔어요. 낡은 것을 모두 벗어버리고 시대에 맞춰 건물 리모델링부터 메뉴까지 완전히 새롭게 할 것인지 회의를 했어요. 그리고 내린 결론은 "최고의 태극당은 가장 태극당스러울 때"라는 것이었어요. 태극당은 가족에게뿐만 아니라 우리나라의 유산이기도 하니 함부로 바꾸면 안 된다는 것이 가족 모두의 의견이었습니다.

결국 태극당은 리모델링을 하면서 새로운 것이 아닌, 복원에 중점을 두었어요. 개업 당시 설치한 대형 샹들리에를 손보고, 나무 안내판, 빵 진열장 등 옛것은 그대로 두고 빵을 파는 방식 같은 것만 바꾸었어요. 미술을 전공한 신경철 전무의 큰누나인 신혜명 부장이 제품마다 제각각이던 로고를 통일하고, 태극당 서체를 만들었어요. 물려받은 유산을 리모델링하는 데 대부분 쏟아부었지요. 또 할아버지 때 만든 '빵 아저씨' 캐릭터를 활용해 동화책도 출간했어요.

이러한 과정을 거쳐 준비를 마친 태극당은 마침 불어 닥친 복고 열풍을 타고 60~70대의 단골뿐 아니라 20대의 젊은 층도 찾는 '뉴트로의 성지'가 되었어요. 단지 '나의 이야기, 우리의 이야기'를 입히는 데 집중했을 뿐인데 말이죠.

태극당의 인기 메뉴 중 오란다빵(카스텔라 안에 사과잼을 넣은 빵)이 있는데, 이 빵이 만들기는 까다로운데 인기가 없었다고 합니다. 그럼에도 돌아가신 신광렬 대표는 하루에 2~3개씩 이 빵을 만들었다고 해요. 이 빵만 찾는 할머니가 계셨기 때문이라고 하죠. 창업주와 아버지가 돌아가신 후 가족들이 태극당의 옛 모습을 그대로 지키겠다고 나선 것은 집안의 이런 분위기 때문이었을 것이라고 생각합니다. 태극당은 지금도 모나카, 단팥빵, 카스텔라 등 맛은 물론 모양, 포장까지 옛것 그대로를 지키고자 노력하고 있어요. 이러한 노력 덕분에 태극당은 2018년 을지로점, 2019년에는 인사동점을 열며 다시 확장세를 타고 있습니다.

이제 우리나라의 시민의식도 많이 깨었습니다. 오래된 것이 무조건 낡은 것, 진부한 것, 좋지 않은 것이라는 생각은 더는 하지 않습니다. 전통과 환경을 중요하게 생각하는 소비자가 더 많이 생겨나고 있습니다. 이러한 점도 브랜드의 철학을 고민할 때 중요하게 생각해보아야 할 문제일 것입니다.

발효건축,
발효주 '복순도가'

2013년 청와대 재외공관장 만찬과 2015년 5월 밀라노 세계 박람회에서 건배주로 선정되면서 유명해진 막걸리 브랜드가 있습니다. '복순도가(福順都家)'입니다. 복순도가는 국내 유일한 천연 탄산 막걸리로서의 가치를 인정받아 '막걸리계의 돔 페리뇽'이라는 별칭까지 얻었죠. 복순도가의 탄생 스토리도 무척 재미있습니다.

미국 최고의 건축대학으로 꼽히는 쿠퍼유니언대학교(The Cooper Union)에서 건축을 전공한 김민규 대표는 졸업 후 건축가로서 브랜딩과 마케팅까지 도맡아 어머니가 운영하던 양조장을 이어받는 쪽을 택했습니다. 예전에는 막걸리라고 하면 동네에서 아저씨들이 마시는 싸구려 술 정도로 여겼습니다. 소주, 맥주보다 값싼 술이 막걸리였죠. 그랬기에 주변 사람들은 김민규 대표의 선택에 우려를 나타냈어요. 하지만 할머니 때부터 집에서 술을 빚어 마을 어르신들에게 대접하는 것을 보고 자란 김민규 대표는 막걸리에 대한 인식을 완전히 바꾸고 싶었습니다. 양조장에 '복순도가'라는 이름을 내걸고, 브랜딩을 시작했습니다. 복순도가의 아이덴티티도 '막걸리'가 아닌 '발효'에 두었지요.

김민규 대표는 발효라는 옛날 고유 방식을 고수하되 제품 브랜딩과 마케팅은 현대에 맞게 재해석해서 내놓았어요. 그리고 자신의 전공을 살려 복순도가 양조장을 설계하고 건축했습니다. 김 대표는 공간이 인간에게 유용하다는 데 착안해 양조장을 살아 숨 쉬는 건축이라고 보았습니다. 그래서 이름 붙인 것이 '발효건축(fermentation architecture)'입니다. 정말 멋진 발상 아닌가요? 발효란 원래 숨을 쉬고, 시간이 흐르

김민규 대표는 공간이 인간에게 유용하다는 데 착안해 양조장을 살아 숨 쉬는 건축이라고 보았다.
그래서 이름 붙인 것이 '발효건축(fermentation architecture)'이다. 사진은 복순도가의 외부와 내부

면서 일어나는 과정인데, 생명이 아닌 콘크리트 건축물을 생물로 콘셉트를 잡아 이름을 붙이다니요. 막걸리가 발효되어가는 과정을 공간에 담고자 한 이 발효건축은 술뿐만 아니라 건축물로서도 이름을 알리게 해주었습니다. 또 김민규 대표는 복순도가가 막걸리 브랜드라고 해서 전통주 페어나 음식 페어에만 참가한 것이 아니라 디자인, 뷰티, 아트 페어 등 다양한 업계 행사에 참가해 협업 기회를 늘리면서 새로운 아이디어를 얻고 있습니다.

레스토랑 F1963(부산)과 오두막(울산), 라운지바 노들섬 Seoul(서울) 등 레스토랑을 열어 복순도가에서 빚은 술과 그 외 직접 담근 된장, 고추장, 간장, 식초를 활용한 요리를 선보이고 있는 것도 복순도가의 전략이죠. 이렇게 브랜딩한 복순도가는 저가의 막걸리 브랜드에서 지금은 웬만한 샴페인보다 비싼 가격으로 팔리는 브랜드 중 하나가 되었습니다.

5

개인의 필요, 취향, 그리고 공감

사람이 직접 만드는 그릇의 본질과 가치를 알리기 위해
탄생한 도자 브랜드, 밈

대형 유통업체 도움 없이 SNS로 히트상품 반열에 오른 옥토끼프로젝트의 요괴라면

Personal

가업을 이어받아 자신만의 철학과 시대적 가치를 더해 브랜드를 만들어
낸 케이스도 있지만, 일반 개인 소비자가 직접 생산에 뛰어들어 브랜드를
만드는 케이스도 있습니다. 이들의 공통점은 하나같이 자신이 원하는 재
미나 디자인을 찾지 못해 직접 생산에 뛰어들었다는 점이에요. 그리고 이
렇게 만들어진 지극히 개인적인 취향의 브랜드가 소비자들의 마음을 움
직였다는 것이죠.

가업을 이어받아 자신만의 철학과 시대적 가치를 더해 브랜드를 만들어낸 케이스도 있지만, 일반 개인 소비자가 직접 생산에 뛰어들어 브랜드를 만드는 케이스도 있습니다. 이들의 공통점은 하나같이 자신이 원하는 재미나 디자인을 찾지 못해 직접 생산에 뛰어들었다는 점이에요. 그리고 이렇게 만들어진 지극히 개인적인 취향의 브랜드가 소비자들의 마음을 움직였다는 것이죠.

진정성을 찾아,
'꼬까참새'

2012년 설립된 유아동 의류 브랜드 '꼬까참새'의 시작은 개인 인터넷 쇼핑몰이었습니다. 박선영 대표는 아이들이 즐거워하고 좋아하는 옷을 만들고 싶었어요. 그래서 시작한 것이 유아동 속옷 브랜드였어요. 하지만 국내 유아동복 시장의 장벽은 턱없이 높았습니다. 특히 속옷은 아이들의 피부에 오랜 시간 직접 닿기 때문에 보수적인 성향의 소비자가 대부분이었고, 이미 검증된 브랜드를 선호하는 경향이 컸지요. 게다가 기성 브랜드가 시장을 장악하고 있어 그 벽을 넘기가 쉽지 않았습니다.

고민하던 박선영 대표는 진정성으로 승부를 걸기로 했어요. 인건비를 줄이기 위해 해외에서 만들거나 소재의 급을 낮추면, 경쟁력은 생길지 모르지만 제품의 질은 떨어질 거라고 생각했어요. 박선영 대표는 좋은 소재를 사용하고 작은 단추 하나도 국산품을 이용해 모든 공정을 국내에서 진행하기로 했어요. 이윤을 줄이고 제대로 만드는 쪽을 선택한 거죠. 제대로 만든 착한 제품은 느리더라도 마침내 성공할 거라고 믿었기 때문이에요.

　이러한 전략이 먹힌 덕분일까요? 꼬까참새는 2015년부터 성장세를 타기 시작해 지금은 국내보다 중국, 미국, 홍콩, 일본, 대만, 싱가포르 등 해외에서 더 인정 받는 브랜드가 되었어요. 꼬까참새는 현재 경남 김해의 대표적인 해외 수출기업 중 하나로 꼽히고, 2019년 3월에는 모범납세자로 국세청장 표창장을 받기도 했습니다.

　아이들 옷을 만들며 지역사회 아동들에게 책임감을 느낀 박선영 대표는 나눔 활동에도 적극적이에요. 2015년부터 지역 소외계층 유아동을 위한 기부활동을 시작해 지금까지 활동을 이어가고 있고, 최근에는 사회적 기업으로 전환하기 위해 준비 중에 있어요. 박선영 대표는 나눔은 하나의 작은 씨앗이지만, 시간이 지나면 더 큰 열매를 맺어 다시 나눔이 될 수 있다고 생각하고, 그것을 꾸준히 실천하고 있어요. 소비자들이 알아줄 때까지 브랜드의 철학을 지킨다는 것은 결코 쉽지 않은 일입니다. 오랜 시간이 걸리기 때문이죠. 하지만 천천히, 진실하게 가

엄마가 아이에게 들려주고 싶은 이야기를 담아 옷을 만드는 '꼬까참새'

다 보면 언젠가는 그 진정성에 소비자들의 마음은 움직이게 되어 있습니다.

입고 싶은 옷을 직접 만든
'안다르'

레깅스 열풍을 일으킨 브랜드 '안다르(Andar)'의 신애련 대표는 본래 요가 강사였어요. 하루에 평균 10시간씩 요가복을 입고 있어야 했던 신애련 대표는 장시간 입고 나면 몸에 자국이 나는 요가복이 너무 불편했어요. 국내에서 판매되고 있는 요가복은 너무 한정적이고, 예쁘지도 않은 데다, 해외 직구를 하면 3주 이상 기다려야 하고 인터넷으로 골라야 해서 실제로 받아보면 생각한 것과 달라 좋은 제품을 찾기도 쉽지 않았지요.

신애련 대표는 옷에 자신의 몸을 맞춰야 한다는 사실에 화가 났지

자신의 경험을 바탕으로 사용감을 개선해 레깅스붐을 선도한 '안다르(Andar)'

만 별다른 대안이 없었습니다. 그래서 패션에 문외한이지만 직접 옷을 만들어보기로 했어요. 원단시장과 공장을 오갔지만 경력이 없던 신애련 대표는 문전박대를 당했어요. 하지만 한 번 내린 결심을 바꾸진 않았죠. 신 대표는 포기하지 않고 사방팔방 뛰어다니며 결국 요가복을 만들어냅니다. 그렇게 해서 2015년 처음 탄생한 브랜드가 안다르입니다. 당시 대부분 단색밖에 없었던 레깅스 시장에 안다르가 내놓은 화려한 색감과 무늬는 소비자들에게 폭발적인 호응을 얻었어요. 마침 2030세대를 중심으로 운동하기에 적합하면서도 일상복으로 입기에도 편안한 옷차림의 '애슬레저 룩'[9] 시장이 서서히 생겨나고 있던 중이기도 했죠.

예쁘고 편한 요가복을 입고 수업을 하고 싶었던 스물네 살의 요가 강사는 이제 연매출 400억 원(2018년 기준)이 넘는 브랜드의 대표가 되었습니다. 그리고 몸매, 나이에 상관없이 모든 사람들이 편하게 입을 수 있는 레깅스를 만들기 위해 계속 노력하고 있어요.

자연을 빚은 밈抽 내열도기,
'온기溫器'

온기(溫器)를 함께 빚는 두 사람, 이현규 대표와 정원섭 대표는 고유한 한국도자문화를 현대적으로 계승하는 광주요에서 각 분야의 일원으

---

9   애슬레저 룩(athleisure look): '운동'이라는 애슬레틱(athletic)과 '여가'를 뜻하는 레저(leisure)를 합친 스포츠웨어 업계 용어

로 만나 회사와 개인 간에 표현방식의 차이가 크다는 생각에 동의하고 회사를 그만두고 그 가치를 실현하는 도자 브랜드를 만들었어요.

식탁에서 중요한 것은 무엇일까요? 물론 음식이겠지만 두 사람은 식탁의 한가운데 있는 따뜻하게 데운 음식이 담긴 그릇이라고 생각했습니다. 시장 조사를 하면서 고급 호텔의 한식당에서조차 기능성만 강조된 뚝배기에 음식을 담아내는 것을 보고, 한 단계 나아가 그릇에 온기(溫氣)가 필요하다고 확신하게 됩니다. 두 사람의 의견을 모아 새로운 빛깔과 이름으로 온기(溫器)를 빚기로 하지요. 그렇게 해서 만든 브랜드가 도자 브랜드 '밈'입니다. 밈은 우리 음악에서 한 음을 높일 때 사용하는 기호[抽]이기도 하고, 'Made in Mind'의 약자이기도 합니다. 첫 작품은 당연히 '온기(溫器)'였습니다. 예부터 이롭게 쓰였던 끓이고 데우는 용도는 이어가고, 오직 손물레와 판 작업을 통해 지금의 미감을 담아낸 내열도기입니다.

일반 브랜드들이 그릇을 틀에 찍어 대량으로 만들어내는 것과 달리 밈에서 빚는 온기는 우리나라 흙을 사용해 화학 안료 없이 모두 수작

모든 작업이 수작업으로 이루어지는 내열도기 밈

업으로 이루어지기 때문에 같은 디자인이라도 똑같은 게 없습니다. 오차 범위 내에서 만들어지지만, 수작업에서만 전해지는 보이지 않는 자연스러운 질감까지 살린 거죠.

내열도기를 공예 예술로 끌어올린 밈의 인기는 금속 냄비와 같지는 않지만, 오래도록 열기를 전하는 은근한 온기(溫氣)처럼 20년 가까이 지속되고 있습니다. 밈(袖)의 브랜드 철학에 공감하는 사람들이 늘어나면서 계속해서 이들을 응원하고 있기 때문이죠.

재미 삼아 만든
'요괴라면'

얼마 전 SNS를 뜨겁게 달군 라면이 있었습니다. 이름도 재미있는 '요괴라면'이에요. 요괴라면은 10년 넘게 맛집 탐방과 스터디를 즐기던 멤버들이 모여 재미 삼아 만든 라면이에요. 멤버들 구성도 화려합니다. e커머스기업 네오스토어 여인호 대표와 주한미국대사관 의전보좌관 출신 박리안 부사장, 패션 브랜드 앤디앤뎁의 김석원 디자이너, 디자인 회사 미드플래닝의 남이본 대표, 외식업체 SG다인힐 박영식 대표 등 모두 각자의 분야에서 성공을 거둔 사람들이에요. 이들은 맛집을 찾아다니며 취미 생활을 즐기다 '1인당 라면 소비량 1위인 한국에 왜 독특한 라면이 없을까?'라는 의문을 품게 되었습니다. 그래서 자신들이 만들고 싶었던 라면을 한 번 만들어보기로 했습니다. 사회생활로 잔뼈가 굵은 이들이 철저한 역할 분담으로 봉골레맛, 크림크림맛, 국물떡볶이맛, 크림카레맛, 신사동냉초면맛 등 일반적인 라면에서는 맛볼

'1인당 라면 소비량 1위인 한국에 왜 독특한 라면이 없을까?'라는 의문에서 시작된 요괴라면 시리즈

수 없는 라면을 만들어냈지요. 그리고 포장지에 요괴를 그려 넣어 소비자들의 호기심을 자극했어요. 세상에 없는 맛은 아니지만, 기존 라면에는 없는 맛을 만들어냄으로써 소비자에게 신선함을 선사했죠. 이런 특별함 때문에 요괴라면은 출시 한 달 만에 온라인 판매만으로 7만 개를 파는 등 세상을 떠들썩하게 했습니다.

이들은 요괴라면의 성공에 힘입어 옥토끼프로젝트라는 회사를 세웠습니다. 그리고 2019년 3월 서울 종로 한복판에 '감성 편의점 고잉메리'를 오픈했습니다. 짐작하겠지만, 고잉메리는 단순한 편의점이 아니에요. 다양한 상품을 실험하고 판매하는 편집숍이자 새로운 라이프스타일을 경험해볼 수 있는 복합공간입니다. 임대료가 비싼 종로에 문을 열었지만, 고잉메리에서 판매하는 메뉴는 결코 비싸지 않습니다. 이들은 몇 천 원짜리 음식을 팔아서 돈을 벌 생각이 처음부터 없었던 거예요. 그 대신 고잉메리를 광고 플랫폼으로 활용하고 있습니다. 기업과 콜라보레이션을 해서 상품을 만들고, 그 상품이 소비자들에 의해 SNS에서 자연스럽게 홍보가 되도록 하는 구조이지요. SNS의 장점을 극대화해서 활용하는 시스템이라고 할 수 있습니다. 다시 말해 고잉메리는 소비자로부터가 아니라 기업으로부터 이익을 추구하는 것이 목적인 셈입니다.

안다르나 요괴라면에서 알 수 있는 것처럼 스몰브랜드라고 해서 언제까지나 스몰브랜드로 남지 않습니다. 얼마든지 기업으로 커나갈 수 있습니다. 그러나 그 기반에는 항상 스토리와 브랜드가 지니는 가치가 있다는 점을 기억해야 합니다.

6

**가장 단순한 질문,
아이디어**

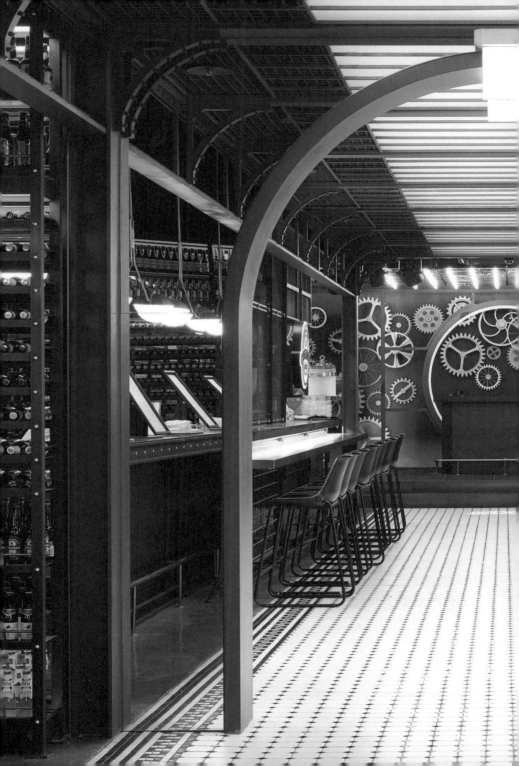

수제 맥주와 맛있는 음식으로 도시에 새로운 에너지와
활력을 불어넣어주는 공간 파워플랜트

Question

'파워플랜트'의 출발점은 "왜 맥줏집의 밥은 맛이 없을까?"라는 단순한
질문이었습니다. 맥주 전문집에 가보면 맥주 이외의 메뉴는 별다른 특색
없이 천편일률이었습니다. 여기서 의문이 들었던 거죠. '맥주도 맛있고,
식사도 맛있으면 금상첨화일 텐데' 하고 말이죠. 이렇게 해서 기획된 공
간이 수제맥주 편집숍 '파워플랜트'입니다.

발뮤다의
선풍기

소비자가 생산자가 될 수도 있다고 하지만, 막상 무엇을 만들어야 하나를 생각하면 막막할 수 있습니다. 너무 어렵게 생각할 필요는 없습니다. 여러분이 잘 아는 브랜드 발뮤다를 예로 들어볼까요? 발뮤다는 본래 컴퓨터 주변기기를 만드는 회사였습니다. 금융위기가 닥쳐 회사가 망할 정도로 어려워지자 발뮤다의 대표 테라오 겐은 '기왕 망할 회사, 내가 만들어보고 싶던 물건이나 만들어보자'라는 생각에 선풍기를 만듭니다. 그런데 좀 이상하지 않나요? 21세기에 최첨단 인공지능 에어컨도 아니고, 구시대의 유물이라고 해도 좋을 선풍기라니요.

더워도 에어컨 트는 것을 싫어하는 사람들이 있습니다. 인공적인 바람은 머리가 아프다는 것이 이유예요. 그렇지만 부드럽게 불어오는 시원한 자연 바람을 싫어하는 사람은 없습니다. 땀 흘린 뒤 살랑살랑 불어오는 바람을 맞으면 마음이 편안해지면서 기분이 좋아지죠. 장수하늘소를 잡으러 다니던 어린 시절, 나뭇가지 사이에서 불어오는 산들바람을 기억하고 있던 테라오 겐은 그런 바람을 만들고 싶었던 거예요. 그렇게 해서 탄생한 것이 바로 발뮤다를 회생의 길로 들어서게 한 선풍기 '그린 팬'입니다.

'왜?'라는
가장 기본적인 질문

2014년 제가 세운 회사 OTD는 '새로운 세상을 열다' 혹은 '새로운 도전을 하다'는 의미의 'Open the Door'의 약자입니다. OTD의 첫 사업이 전국 유명 맛집을 한데 모아 놓은 셀렉트 다이닝 숍 '오버더디쉬(Over the Dish)'여서 OTD가 오버더디쉬의 약자라는 오해를 받기도 하지만, 어쨌든 OTD가 추구하는 방향은 버려진 오프라인 공간에 새로운 콘텐츠를 채워 그 공간의 가치를 높이는 거예요.

4차 산업혁명, 디지털 시대에 살면서 오프라인 공간, 그것도 버려진 공간에 콘텐츠를 채운다니 의아하게 생각할 수 있을 겁니다. 실제 대부분의 스타트업이나 창업자들이 온라인 창업에 집중하고 있는 것도 사실이고요. 하지만 저는 오프라인 공간이 분명 사람들의 삶에서 중요한 역할을 할 것이라고 믿습니다. 그렇기에 OTD를 설립했고요.

OTD를 성공적인 스타트업으로 이끈 '오버더디쉬' 이후 경리단길과 가로수길의 유명 맛집 음식과 맥주를 함께 즐길 수 있는 광화문 D타워의 '파워플랜트', 스타필드 하남의 지역 유명 맛집 편집숍 '마켓로거스', 기존 대형서점의 고정관념을 엎은 '아크앤북', 라이프스타일 숍 '띵굴(Thingool) 스토어', 도시재생 프로젝트 '성수연방' 등 OTD가 기획하는 공간은 오픈 때마다 사람들 사이에서 화제가 되며 핫플레이스로 떠올랐습니다. 이를 두고 사람들은 저를 보고 '미다스의 손', '공간 혁신가'라고 부르지만, 사실 이 모든 공간 기획은 가장 단순한 질문에서 시작되었습니다.

한 예로 '파워플랜트'의 출발점은 "왜 맥줏집의 밥은 맛이 없을까?"라는 단순한 질문이었습니다. 주 52시간으로 근로시간이 단축 시행된 이후 직장인들이 사용할 수 있는 여가시간은 확실히 늘어났습니다. 동시에 주류에 대한 관심도 전문적이고 다양해졌지요. 대기업에서 출시하는 획일화된 맥주 맛에 지겨움을 느낀 소비자들은 독특한 맥주를 찾기 시작했고, 이 때문에 만드는 사람마다 맛이 다른 수제맥주가 인기를 끌게 되었어요. 그런데 맥주 전문집에 가보면 맥주 이외의 메뉴는 별다른 특색 없이 천편일률이었습니다. 여기서 의문이 들었던 거죠. '맥주도 맛있고, 식사도 맛있으면 금상첨화일 텐데' 하고 말이죠. 이렇게 해서 기획된 공간이 수제맥주 편집숍 '파워플랜트'입니다. 파워플랜트는 오픈하자마자 소비자들의 뜨거운 호응을 받았습니다.

나의 의문이 곧
소비자의 마음

발뮤다 CEO 테라오 겐의 질문은 단순했습니다.

"왜 에어컨 바람을 쐬면 기분이 좋지 않을까?"

'요괴라면'도 마찬가지예요. 한국은 1인당 연간 라면 소비량이 74.6개로 세계 1위지만, 실제 소비자들이 찾는 라면의 맛과 종류는 늘 거기서 거기예요. 여기서 나온 의문이 "왜 독특한 맛의 라면은 없을까?"였던 거죠. 이 단순한 질문이 요괴들이 그려진 색색의 포장지 속에 다양한 맛을 담은 요괴라면을 탄생시킨 거예요.

레깅스 열풍을 일으킨 '안다르'와 유아동 브랜드 '꼬까참새'도 별다르지 않습니다. 안다르는 "왜 운동할 때 말고 일상생활에서도 입을 수 있는 예쁘고 편한 레깅스가 없을까?"라는 질문에서 시작되었고, 꼬까참새도 "왜 아이들이 좋아하는 속옷은 없는 걸까?"라는 질문에서 시작되었습니다. 모두 본인이 소비자였지만, 구할 수가 없으니 직접 생산자가 되어 브랜드를 만들었고, 그것이 성공으로 이어진 것이죠.

성공하는 브랜드의 경쟁력은 단순합니다. 소비자의 마음을 정확하게 읽어내고, 그들의 가려운 지점을 짚어 긁어주는 것이죠. 스몰브랜드의 가장 커다란 장점이 바로 이 지점입니다. 개인이 느끼는 아주 기본적인 욕구, 혹은 생활하면서 느꼈던 불편한 점, 의문 나는 것을 브랜드화했기 때문입니다. 개인의 질문에 동조하고 공감하는 사람이 많으면 많을수록 열혈 소비자층이 만들어지고 브랜드는 성공합니다. 사업은 복잡하지 않아도 됩니다. 핵심을 간파하는 하나의 굵은 궤만 있으면 됩니다.

'파워플랜트'의 출발점은 "왜 맥줏집의 밥은 맛이 없을까?"라는 단순한 질문이었다.

7

스몰브랜드의 경쟁력,
어디에서 찾을 것인가?

프리미엄 디저트 카페, 적당. 다른 이들이 관심 갖지 않았던 식재료 '팥'을 주제로 꾸몄다.

Competitiveness

제가 지향하는 것은 '다양성'과 '균형'입니다. 좋은 브랜드란 개성적인 색깔을 가지고 팬덤을 형성할 때 탄생한다고 생각합니다. 따라서 한쪽으로 물러서서 남들이 관심을 가지지 않지만, 팬덤을 만들 수 있는 아이템이 무엇인지 고민해야 합니다. 그것이 바로 경쟁력이 될 테니까요.

물론 개인이 작은 의문을 품고 프로슈머가 된다고 해서 그 브랜드가 모두 성공하는 것은 아닙니다. 경쟁력도 중요합니다. 그렇다면 경쟁력이란 어디에서 생겨나는 것일까요? 창업을 염두에 두고 있다면 반드시 생각해보아야 할 포인트입니다.

대기업에서 근무할 때의 일입니다. 아이디어나 기획안을 낼 때 상사가 제일 먼저 물어보는 것이 있습니다.

"외국에서 성공한 사례는 있습니까? 있으면 가지고 와 보세요."

만약 없다고 하면 "실패하면 어떻게 할 겁니까?"라고 되묻습니다. 우리나라 사람들은 성공 사례의 벤치마킹을 좋아합니다. 저는 회사에 다닐 때 선례가 없는 것을 제안한 적이 많았습니다. 아무리 내가 할 수 있다고 확신해도, 경영진에서 승인을 해주지 않아 포기한 것들이 많았죠. 그때마다 좌절했습니다. 이는 제가 창업의 길로 들어선 이유이기도 합니다.

과거와 달리 지금은 1년도 되지 않아 트렌드가 변합니다. 시스템이 복잡한 대기업은 변화에 대처하는 속도가 느릴 수밖에 없어요. 그런 면에서는 구조가 단순한 스몰브랜드가 소비자의 변화에 훨씬 기민하게 움직일 수 있는 장점을 가지고 있죠.

유행은 폭발적,
쇠락은 한순간

2017년도에 있었던 대만 카스테라 사태를 기억하고 있을 겁니다.

2020년 오스카 4관왕[10]을 휩쓴 봉준호 감독의 영화 〈기생충〉에서 극 중 아버지(송강호 분)가 대만 카스테라 창업에 도전했다가 망하는 설정으로 나오기도 하죠.

2015년 프랜차이즈 사업을 시작한 대만 카스테라는 입소문을 타면서 카스테라 하나를 사기 위해 1시간은 족히 기다려야 할 정도로 소비자 사이에게 큰 인기를 끌었습니다. 기회에 편승한 대만 카스테라는 전국적으로 매장 수를 늘려갔고, 그 인기는 영원할 것 같았죠. 하지만 한 방송에서 대만 카스테라가 달걀·밀가루·우유·설탕 외에 어떤 것도 넣지 않는다고 선전한 것과 달리 식용유와 일부 첨가제를 사용한다는 고발이 있은 후 대만 카스테라는 순식간에 몰락하고 말았습니다. 이는 약 1년 여 사이에 일어났던 일로 대만 카스테라는 프랜차이즈 산업사상 가장 단기간에 흥했다 쇠한 브랜드로 꼽힙니다.

대만 카스테라 사태 이후 많은 전문가의 분석이 이어졌습니다. 놀라운 것은 대만 카스테라는 고발 뉴스가 아니었더라도 곧 없어졌을 거라는 전문가 의견이 지배적이라는 점입니다. 이유는 달걀과 밀가루, 우유, 설탕처럼 아주 단순한 재료로 누구나 쉽게 만들 수 있어 진입장벽이 낮은 데다 단일 아이템이라는 것, 그리고 신규 브랜드의 경우 희소성이 있어야 하는데 매장이 너무 많았다는 것입니다.

대만 카스테라뿐만이 아닙니다. 한때 저가의 생과일주스가 유행하면서 갑자기 과일주스 가게가 한꺼번에 우후죽순 생겨났던 적이 있습

10 각본상, 국제영화상, 작품상, 감독상

니다. 그런데 지금은 어떤가요? 인기는 금세 시들해졌습니다. 최근에는 달콤한 흑당 브랜드, 코와 입을 자극하는 마라탕과 훠궈가 인기를 끌면서 갑자기 매장 수가 크게 늘어났습니다. 그렇지만 이들 매장이 2~3년 뒤에도 과연 성업 중일까요?

우리나라 자영업자의 폐업률은 아주 높습니다. 왜 그럴까요? 저는 우리나라 창업자들이 너무 똑똑하고 부지런하기 때문이라고 생각합니다. 누가 돈가스 가게를 내서 대박이 나거나 멋진 인테리어나 플레이팅으로 소문이 나서 인기가 많아지면 갑자기 돈가스 가게나 비슷한 인테리어의 가게가 우후죽순 생겨납니다. 이런 쏠림현상이 생기면 처음에는 차별성이 있어서 좋아하던 소비자들이 금세 식상해하고 질려하고 말죠. 외국은 우리나라처럼 이렇게 빨리 결정하고 일을 진행하는 경우가 없습니다. 유독 우리나라에서는 쏠림현상이 심합니다.

쏠림현상이 일어난다는 것은 경쟁이 치열하다는 방증이기도 합니다. 하지만 이런 경쟁은 사람들의 취향은 더욱 세분화되고, 트렌드 역시 더욱 빨리 변하면서 더 심해질 것입니다. 이럴 때 유행에 휩쓸리는 것은 자살골을 넣는 것과 같습니다. 마라탕이 유행한다고 마라탕 가게를 열거나 흑당이 유행한다고 흑당 카페를 창업하겠다며 기웃거리는 식이어서는 곤란합니다. 유행은 폭발적이지만, 쇠락은 한순간이라는 것을 잊지 말아야 합니다.

아무도
하지 않는 일

디저트 업계에서 한동안 유행한 아이템은 마카롱이었습니다. 처음에는 작고 예쁜 마카롱의 모습을 하고 있었지만, 마카롱이 일반화되기 시작하자 소비자의 눈길을 끌기 위해 점차 기괴한 모양으로 변해가기 시작했습니다. 정통 마카롱에서 '뚱카롱'이라고 불리는 뚱뚱한 마카롱으로 변했다가 다시 그보다 더 큰 '거대 마카롱'이 등장한 것이지요.

쏠림현상 자체는 아이템이 집중되고 경쟁력이 생기는 긍정적인 부분도 있습니다. 그렇지만 이는 다양성을 저해하는 요인으로도 작용하기 때문에 개인적으로는 부정적으로 바라보는 편입니다. 게다가 쏠림현상이 심해지면 콘텐츠의 사이클은 더 짧아질 수밖에 없습니다. 그렇기 때문에 저는 기본적으로 이런 쏠림현상을 지양합니다.

제가 지향하는 것은 '다양성'과 '균형'입니다. 좋은 브랜드란 개성적인 색깔을 가지고 팬덤을 형성할 때 탄생한다고 생각합니다. 따라서 한쪽으로 물러서서 남들이 관심을 가지지 않지만, 팬덤을 만들 수 있는 아이템이 무엇인지 고민해야 합니다. 그것이 바로 경쟁력이 될 테니까요.

저는 항상 다른 사람이 시도한 적이 없는 것을 고민합니다. 그렇게 해서 만들어진 것이 2019년 9월 을지로에 오픈한 '적당(赤糖)'입니다. 붉을 '적(赤)', 설탕 '당(糖)'의 한자에서 알 수 있듯이 적당은 '팥'을 소재로 한 프리미엄 디저트 카페로 팥죽과 팥모나카, 팥양갱, 이 세 가지 아이템을 주 메뉴로 하고 있습니다.

팥은 팥죽, 팥밥, 팥소 등 우리나라 사람들에게 거부감이 없는 식재료이지만, 누구도 브랜드화하는 데 관심을 갖지 않았던 재료이지요. 팥으로 만든 디저트라고 하면 팥빙수 정도가 유일할 것입니다. 저는 사람들이 고리타분하게 생각하는 팥을 세련되게 풀고 싶었습니다. 그래서 만든 것이 '적당'이고, 다행히 소비자들은 열렬히 호응해주고 있습니다.

재미있는 것은 양갱은 일본의 인기 있는 고전 디저트 중 하나인데, 적당이 생기고 난 후 줄을 서서 기다릴 정도로 일본인 관광객들에게 인기라는 점입니다. 이것이 바로 SNS의 무서운 점이라고 생각합니다. 아이템만 잘 잡으면 엄청난 파급효과를 불러일으키니까요. 다시 말해 비주류라도 완성도가 있고 감도가 높으면, 얼마든지 성공적인 론칭을 할 수 있습니다.

인생을 모두
걸었을 때

팥 다음으로 생각하고 있는 식재료는 '버터'입니다. 과거에는 집집마다 냉장고에 대용량의 저품질 노란색 버터가 하나씩 있었죠. 우리에게 익숙한 이 노란색 버터는 짜고 느끼합니다. 하지만 좋은 버터는 고소합니다. 시장이 변하면서, 소비자들은 요리할 때는 단가가 낮은 버터를 사용해도 식전 빵에 바르는 버터나 디저트에 사용하는 버터는 고가의 맛있는 것을 사용하기 원합니다. 이러한 소비자의 변화를 수용해 성공 가능성이 있다고 판단한 것이 버터예요. 일본에서는 이미 버터가 다양하게 유통되고 있으며, 국내 일부 파인레스토랑에서도 중요하게 취급하는 등 버터는 최근 떠오르고 있는 식재료 중 하나입니다.

버터는 연구하면 할수록 재미있습니다. 우유에서 수분을 빼면 버터가 되고, 이 버터를 숙성시키면 치즈가 됩니다. 또 우유에서 비중이 적은 지방을 분리하면 생크림이 되죠. 발효시킨 크림치즈는 맛이 진한데, 완전히 발효되기 전 중단 단계의 버터는 아주 담백합니다. 버터크림 역시 맛이 없지 않은데, 과거 제과점에서 맛을 강하게 내기 위해 버터크림을 짜고 느끼하게 만들다 보니 사람들의 뇌리에 버터크림에 대한 부정적인 이미지가 아직도 남아 있는 것 같아요. 제게는 이러한 인식을 바꾸고, 진짜 버터 맛을 알릴 수 있다는 점이 무척 매력적으로 다가옵니다.

창업해보지 않은 사람이 무언가를 시작하려고 하면 불안한 마음이 큽니다. 그러다 보니 이미 검증되어 있는, 안정적인 아이템에 투자하려는 경향이 있습니다. 그러한 마음은 충분히 이해합니다. 그러나 창업은 새로운 도전입니다. 도전이란 어려움이 있더라도 그를 극복하고 뛰어넘겠다는 각오와 열정이 있어야 합니다. 인기에 편승하겠다는 생각은 창업자로서 지나치게 안이한 태도입니다. 창업을 생각한다면 사람들을 끊임없이 매료시킨 발뮤다의 창업자 테라오 겐의 정신을 한번 되새겨볼 필요가 있을 것입니다.

"인생은 스스로 개척하는 것이다.

언제나, 누구나, 그 가능성을 가지고 살아간다.

나는 내 인생 전부를 걸었을 때에야 비로소 역전할 수 있었다."

_ 테라오 겐, 《가자, 어디에도 없었던 방법으로》 중에서

8

누구나 생각하지만,
아무도 실행하지 않은

셀렉트 다이닝의 시작, 오버더디쉬

Action

"이거 내가 생각했던 건데…" "내가 한번 해보고 싶었던 아이템인데…" OTD가 기획하는 공간은 항상 이런 말을 듣습니다. 여기에는 두 가지 의미가 있다고 생각합니다. 첫째, 누구나 생각했다는 것은 모두가 원하는 콘텐츠라는 것. 둘째, 생각은 했지만 아무도 시도하지 않았다는 것은 실행력을 누구나 갖추고 있지는 않다는 것. 이 두 번째 포인트는 아주 중요한 대목이라고 생각합니다.

우리나라의 높은 자영업자 비율을 보면 가히 '자영업 공화국'이라고 불릴 만합니다. 미국에 비해서 4배, 일본이나 독일과 비교해도 2.5배 정도 자영업자가 많습니다. 그러나 통계청의 발표에 따르면 우리나라의 창업 기업 10곳 가운데 5년 뒤에도 살아남는 기업은 3곳에 불과합니다.[11] 2012년 창업해 2017년까지 살아남은 기업은 전체의 29.2%, 신생 기업의 5년 생존율은 28.5%(2016년 기준)이고, 이중 소멸 기업의 92.2%는 종사자가 1명인 개인 기업으로 경쟁이 치열하고 자본이 열악한 자영업자들이 살아남는 것이 얼마나 힘든지를 잘 알 수 있는 통계입니다.

지금은 전 세계적으로 경기가 불황인데다 산업 패러다임이 바뀌면서 일자리가 부족하다 보니 젊은 층이 안정적인 직장으로 여겨지는 공무원에 몰릴 수밖에 없습니다. 정부에서 청년 창업을 지원하고 다양한 혜택을 주는 등 다방면으로 연구하고 있지만, 여전히 우리나라 사람들은 청년 창업에 대해 부정적입니다.

저도 예외는 아니었습니다. 창업을 하려고 할 때 주변에서 모두 만류했습니다. 회사를 그만둘 때, 저는 주변 사람들에게 공부하기 위해 유학을 떠난다고 거짓말할 수밖에 없었습니다.

PART. 1

버려진 공간을
되살릴 수 있는 솔루션

틀에 박힌 업무와 지시에 따라서만 움직여야 하는 대기업에서의 생활에 염증을 느낀 저는 재미있는 일을 해보고 싶어서 퇴사했습니다. 처음에는 부동산 쪽과 관련해서 건물의 자산 가치를 올려 매각하는 컨설팅 업무를 했습니다. 그러던 어느 날 의뢰가 들어왔습니다. 거의 버려져 있다시피 한, 롯데백화점 건대 스타시티점 3층의 약 300평 규모의 공간을 살려줄 수 있겠느냐는 의뢰였습니다.

롯데백화점 건대 스타시티점은 과거 야구장이었던 건축물을 주상복합으로 개발해서 그 일부를 쇼핑센터로 만든 곳입니다. 건물의 소유주는 건국대학교이고, 쇼핑센터의 임차권은 롯데백화점이 가지고 있습니다. 부동산 업계에서 사람을 많이 모으는 시설을 '앵커 스토어(anchor store)'라고 하는데, 멀티플렉스 영화관, 대형마트, 대형서점 등이 대표적인 앵커 스토어입니다. 죽은 상권도 살린다고 하는 앵커 스토어는 상권의 경쟁력을 높이기 때문에 대형 쇼핑센터에 전략적으로 입점시키기도 합니다. 당시 건대 스타시티점의 앵커 시설은 멀티플렉스였습니다. 이곳에서 운영하던 롯데시네마는 삼성동 메가박스에 이어 연간 200만 명이 넘는 관람객이 찾는 CGV, 메가박스 등을 포함한 전국 영화관 중 두 번째로 영업이 잘되는 사업장이었습니다.

영화관은 우리나라에서 가장 사람을 많이 모으는 시설로 이런 시설은 보통 최하층이나 최상층에 배치하는 것이 일반적입니다. 모인 사람이 위쪽으로든 아래쪽으로든 이동하면서 자연스럽게 쇼핑을 하도록 유도하기 위함이지요. 맨 위층에서 아래로 내려올 때 쇼핑하는 것을

'샤워효과(shower effect)', 반대로 아래층에서 위로 이동하며 쇼핑을 할 수 있도록 동선을 배치하는 전략을 '분수효과(fountain effect)'라고 합니다. 그런데 학교에서 쇼핑센터를 짓다 보니 중요한 부분을 놓쳤습니다. 3층짜리 건물에 멀티플렉스를 2층에 입점시킨 것입니다. 영화관을 찾은 소비자들은 2층에서 영화를 보고 직관적으로 아래로 내려가면서 소비를 하지, 올라가면서 소비할 생각은 하지 않았습니다. 그렇다 보니 오픈 당시 3층에 입점했던 오락실은 얼마 못 가 망했고, 이후 3층은 3~4년 정도 거의 버려진 공간이나 다름없었습니다.

롯데는 백화점, 마트, 할인점, 영화관 등 부동산에 관련된 모든 콘텐츠를 가지고 있는 기업임에도 스타시티점의 3층을 어떻게 살려야 할지 솔루션을 내놓지 못하고 있던 상황이었습니다. 건국대학교 측에서 제안을 받은 저는 큰 고민 없이 회사에 다니면서 구상했었던 맛집 편집숍 콘셉트 의견을 냈습니다. 학교 재단은 새로운 개념의 사업에 난색을 표했고, 아이디어를 수행할 수 있는 회사를 소개해달라고 했지요. 제가 나서서 여러 회사에 접촉을 시도했지만, 하겠다고 나서는 회사가 없었습니다. 성공한 사례가 없는 장르에 뛰어드는 것을 꺼려한 것이죠. 결국 학교 측에서 제게 직접 운영해보는 것이 어떻겠냐고 제안했고, 저는 오래 고민하지 않고 그 제안을 받아들였습니다. 제 아이디어가 성공할지 어떨지 실험해볼 수 있는 절호의 순간이기도 했으니까요.

새로운 콘셉트의 공간,
입소문을 타다

부동산 임대업 중 사람들이 제일 꺼리는 것 중 하나가 전대(轉貸)[12]입니다. 그런데 위워크, 패스트파이브, OTD 같은 공간 플랫폼은 일정한 공간을 빌려서 다시 빌려주는 전대라는 속성을 가지고 있습니다. 게다가 이는 개인이 하기에는 규모가 큰 사업이죠. 그런데 건국대에서는 아무런 레퍼런스가 없는, 일개 개인에게 기회를 주었습니다. 어찌 보면 일생일대의 기회였죠. 이렇게 해서 시작된 것이 OTD의 첫 번째 사업 '오버더디쉬'입니다.

저는 공동 창업자와 함께 10년 동안 직장생활을 해서 모은 자금을 몽땅 투자했습니다. 무서울 것이 없었죠. 오버더디쉬를 오픈한 첫 날, 거짓말 하나 보태지 않고 3층으로 올라오는 사람이 단 한 명도 없었습니다. 한여름의 햇볕이 천장 유리를 통해 그대로 내리쬐는 중앙통로에 온종일 앉아 있자니 땀이 이마와 코를 지나 입과 목으로 흘러내렸지요. 머릿속에서는 '도대체 내가 얼마나 큰 사고를 친 건가' 하는 생각밖에 나지 않았습니다. 그날 밤 저는 잠을 이루지 못했습니다.

대기업에 다닐 때는 기획을 하면 나머지는 알아서 움직였습니다. 마케팅 부서도 따로 있어 홍보를 걱정할 필요도 없었습니다. 실전 경험이 없던 저는 좋은 공간을 오픈하면 소비자들이 알아서 찾아올 것이라 착각했던 것이죠. 현실은 머릿속으로만 상상하던 것과 딴판이었습니

---

12 전대(轉貸): 빌리거나 꾼 것을 다시 다른 사람에게 빌려주거나 꾸어줌.

다. 넓은 공간에 개미 한 마리 얼씬하지 않는 것을 눈으로 보고 나서야 개인 창업자가 얼마나 힘든지, 아이디어를 현실로 옮긴다는 것이 결코 쉬운 일이 아님을 몸소 깨달을 수 있었습니다.

다음 날부터 아르바이트를 고용해 전단을 뿌리고자 했습니다. 그런데 이조차 여의치 않더군요. 그래서 공동창업자와 함께 직접 전단을 뿌리며 홍보에 나섰습니다. 그렇게 3주가 지나자, 오버더디쉬는 입소문을 타며 발 디딜 틈 없이 사람들이 북적이기 시작했습니다. 대기업에서조차 솔루션을 내지 못했던 공간이 핫플레이스로 떠오르자 롯데그룹은 물론 유통 쪽 계열사 임원이 모두 현장에 나와 시찰을 나올 정도였습니다. 케이크 전문점 '도레도레', 프리미엄 김밥 전문점 '로봇김밥' 등 이때 오버더디쉬에 입점해서 유명해진 브랜드는 상당합니다.

'집념'
혹은 '똘끼'

지금은 흔한 콘셉트지만, 전국 유명 맛집을 함께 맛볼 수 있는 셀렉트 다이닝 '오버더디쉬'나 유명 맛집 음식과 맥주를 함께 즐길 수 있는 '파워플랜트', 디저트 편집숍 '헤븐온탑' 등을 오픈했을 때 사람들에게 자주 들었던 말이 있습니다.

"이거 내가 생각했던 건데…"

"내가 한번 해보고 싶었던 아이템인데…"

OTD가 기획하는 공간은 항상 이런 말을 듣습니다. 여기에는 두 가지 의미가 있다고 생각합니다. 첫째, 누구나 생각했다는 것은 모두가 원하는 콘텐츠라는 것. 둘째, 생각은 했지만 아무도 시도하지 않았다는 것은 실행력을 누구나 갖추고 있지는 않다는 것. 이 두 번째 포인트는 아주 중요한 대목이라고 생각합니다.

한 유명한 컨설턴트가 저와 자신의 차이에 대해 이런 말을 한 적이 있습니다. 시장이 어떻게 변하는지도 잘 알고, OTD의 비즈니스 모델을 잘 이해하고 있으며, 두 사람의 역량도 크게 차이 나지 않지만, 그와 내가 다른 딱 한 가지는 '똘끼'라는 것이었습니다.

우리나라 스타트업은 대부분 외국에서 성공한 모델을 가지고 시작합니다. 미국이나 일본 등 선진국에서 성공한 아이템이라면 우리나라에서도 생길 것이고, 성공할 수 있는 것이라는 분석 아래 접근합니다. 그러나 저는 외국에서 성공한 모델이 아니라 아무도 시도하지 않은 것을 찾아서 추진합니다. 저는 이 방법이 맞다고 생각합니다. 왜냐하면 OTD에서 시작한 비즈니스 모델이 외국에서도 생겨나고 있기 때문입니다. 글로벌 관점에서 본다면 OTD가 프런티어인 셈이죠. 아무도 하지 않은 것을 할 수 있는 무모함, 이게 바로 '똘끼'입니다.

똘끼는 실행력이나 용기와는 다릅니다. 사업을 하고자 하는 사람은 실행력과 용기를 기본적으로 장착하고 있어야 합니다. 똘끼란 자신이 맞다고 믿는 것에 대해 앞뒤 가리지 않고 미쳐서 뛰어들 수 있는 힘을 말합니다. 일을 시작하기도 전에 성패 여부를 판단하려 하고, 주변 사람들 말에 귀를 기울이다 보면 결국은 아무것도 할 수 없습니다. 반쯤 미쳐야 가능합니다. 진정한 똘끼란 자신이 하고 싶은 일에 대한 욕망의 크기가 한없이 부풀어 참을 수 없을 때 튀어나오는 것입니다.

9

팬덤 형성이
먼저다

팬덤을 형성한 성수연방
사진은 성수연방 내 아크앤북

Fandom

SNS를 통해 자신의 허상을 만들어내고 그걸 가장 효과적으로 표현할 수
있는 것은 '브랜드'입니다. 바꾸어 말하면 브랜드가 지향하는 분명한 가
치를 담을 수 있다면 훨씬 더 성공에 가까이 다가갈 수 있습니다. 이것이
바로 스몰브랜드가 소비자를 대상으로 이끌어내야 할 '팬덤(fandom)'입
니다.

많은 사람이 맛집이나 카페 투어를 하면서 사진을 찍습니다. 몇 년 전만 해도 사람들이 카페 투어를 하면서 사진을 찍을 때 커피나 디저트 옆에 놓는 꼭 소품이 하나 있었죠. 바로 미니멀 라이프를 추구하는 미국 잡지《킨포크(Kinfolk)》나 영국 잡지《시리얼(Cereal)》입니다. 이 잡지가 예뻐서 장식용으로 놓는 측면도 있었지만, 그보다는 "나는 바쁜 일상 속에서도 다른 사람과 달리 남들은 모르는 카페에서 차 한 잔 여유롭게 마실 수 있는 사람이야"라는 프라이드를 나타내고자 하는 의미가 더 컸습니다.

많은 설명보다는 하나의 이미지, 그 속에 담긴 것이 나에 대한 것을 드러내곤 합니다. 미니멀한 라이프를 추구한다면 잡지《킨포크》를, 가정적이고 가족을 중시하는 것을 드러내고 싶으면 스웨덴 가구 브랜드 '이케아(Ikea)'를, 내추럴하면서 실용성을 중시한다면 라이프스타일 브랜드 '무지(Muji)'를 소비하고, 그것을 SNS를 통해 보여주는 것이죠.

SNS를 통해 자신의 허상을 만들어내고 그걸 가장 효과적으로 표현할 수 있는 것은 '브랜드'입니다. 바꾸어 말하면 브랜드가 지향하는 분명한 가치를 담을 수 있다면 훨씬 더 성공에 가까이 다가갈 수 있습니다. 이것이 바로 스몰브랜드가 소비자를 대상으로 이끌어내야 할 '팬덤(fandom)'입니다.

고집스러운
철학

팬덤이란 '가수, 배우, 운동선수 따위의 유명인이나 특정 분야를 지나치게 좋아하는 사람이나 그 무리'를 일컫지요. 브랜드에서 팬덤을 형성한다는 것은 무척 중요한 일입니다. 성공한 스몰브랜드 역시 팬덤을 형성했기 때문에 지속적으로 브랜드를 유지할 수 있습니다. 팬덤을 형성한 몇 가지 브랜드를 한번 살펴보겠습니다.

미국의 의류 브랜드인 '에버레인(Everlane)'[13]은 창업 4년 만에 기업 가치 2,950억 원을 평가받은 혁신적인 브랜드입니다. 에버레인은 철저한 투명성을 목표로 하는 온라인 중심 회사입니다. 에버레인은 홈페이지와 SNS를 통해 공장에서 일하는 직원의 모습을 공개하고, 제품 원가와 세금 등을 상세하게 밝히는 회사로 유명하죠. 제조비용을 고객의 알 권리라고 생각하는 겁니다. 에버레인은 청바지를 만들 때 나오는 물을 98%까지 재활용하고, 생산과정에서 나오는 화학제품은 벽돌로 만들어 저소득층을 위한 주택 건축 등에 활용하는 등 친환경을 추구합니다. 최근 '착한 기업'이 각광받는 추세에 더불어 소비자들은 브랜드 에버레인에 열광했습니다.

아웃도어 브랜드 '파타고니아(Patagonia)'도 기존의 스포츠웨어나 아웃도어 브랜드와는 전혀 다른 길을 걷고 있습니다. 본래 암벽 등반에 필요한 강철 피톤을 만들던 파타고니아는 이것이 자연을 훼손하는 일이라는 것을 깨닫고 친환경 의류 브랜드로 탈바꿈했습니다. 농약을 사용하지 않은 100% 유기농 순면, 버려지는 플라스틱 통에서 뽑은 실을 이용해 폴리에스테르 옷감을 활용하기도 하고, 필요하지 않으면 옷

---

13 에버레인(Everlane): 창업 당시 25세 청년이었던 마이클 프레이스먼(Michael Preysman)이 패션업계의 폭리를 참지 못하고 2010년 설립한 기업이다.

친환경 의류 브랜드 파타고니아(Patagonia)

을 사지 말라는 광고를 하기도 하며, 망가진 옷을 고쳐 입고 재활용해서 오래도록 옷을 입자는 캠페인을 벌이기도 합니다. 신상품을 팔아야 매출을 올릴 수 있는 의류 브랜드에서 진행하는 캠페인이라고는 도무지 생각하기 어렵습니다.

파타고니아는 환경에 대해 무심한 트럼프 대통령을 비판하는 등 환경에 대한 투철한 자기만의 분명한 색깔을 갖고 있습니다. 이러한 브랜드 철학으로 파타고니아는 팀 쿡, 마크 주커버그, 맥스 레빈 등 최고 경영자들도 즐겨 입는 옷이 되었죠. 이런 브랜드의 고집스러운 철학(전략)이 팬덤을 형성한 것입니다.

출발점은 달라도
이야기의 깊이는 필요하다

카메라 브랜드 '라이카(Leica)'의 경우도 특별한 감성을 담아냅니다. 라이카가 어떤 브랜드인지 아느냐고 물으면 보통은 "독일의 엔지니어가 만든 기술의 집약체"라는 답이 돌아옵니다. 하지만 라이카는 어느 순간 기술에서 멀어졌습니다.

라이카에는 디자이너가 없습니다. 엔지니어가 제품을 디자인합니다. 최첨단 기술을 사용한 디지털 카메라인 것은 맞지만, 소비자들은 그것을 느끼지 못하도록 외관상으로는 철저하게 아날로그 감성을 담고 있죠. 이런 명확한 색깔은 라이카를 쓰는 사람을 특별하게 만들어 줍니다. 라이카로 사진을 찍으면 다른 사람과 다른, 특별한 감성을 지닌 사람처럼 보이게끔 만들어주는 것이죠. 이런 힘은 휴대폰이나 최신 캐논 카메라로 사진을 찍어서는 결코 표현되지 않는 것들입니다. 그렇기 때문에 에르메스 같은 명품과 콜라보레이션을 할 수 있는 카메라 브랜드는 라이카밖에 없는 것입니다.

이처럼 브랜드의 성공 케이스를 보면 자기만의 색깔이 분명합니다. 개성적인 철학이나 가치관, 스토리가 있고, 그 개성을 소비자와 공유하면서 강력한 팬덤을 형성한 다음 그 팬덤을 기반으로 브랜드가 완성됩니다. 즉 브랜드를 만들 때 팬덤 형성은 아주 중요한 현상이며, 이것은 돈이 많다고 되는 것도 아닙니다. 팬덤이란 브랜드의 기초가 되는 철학이기 때문입니다. 그렇다고 대단한 철학이 있어야만 하는 것도 아닙니다. 안다르처럼 요가가 좋은데 기존 요가복이 마음에 들지 않아서 직접 만들 수도 있고, 방유당처럼 자신의 좋아했던 아이템이 사라지는 것이 안타까워서 브랜드를 만들 수도 있고, 복순도가처럼 가업을 이어받을 수도 있습니다. 그것이 디자인이든 스토리든 철학이든 출발점은 모두 다 다르지만, 브랜드에 자신의 색깔을 입히고, 깊이를 고민해야 할 지점은 분명히 있습니다.

글로벌 톱 브랜드이거나
스몰브랜드이거나

앞서 라라브레드라는 빵집을 언급했습니다. 이곳에는 수제 과일로 만든 물감 튜브 잼이 있습니다. 아침을 먹지 않는 아이들도 이 물감 튜브 잼을 주면 신이 나서 빵 위에 그림을 그려 가며 먹는다고 합니다.

또 레고 같은 작은 인형을 안에 넣어서 응고시킨 투명한 비누도 있습니다. 아무리 야단을 쳐도 손을 씻지 않는 아이들이 이 비누에서 레고 인형을 꺼내기 위해 아침저녁으로 서로 손을 씻겠다고 하는 사연이 SNS에 올라오기도 했지요.

과거에는 브랜드를 만들어서 띄우는 것이 아주 단순했습니다. 돈을 많이 투자하면 됐거든요. 좋은 디자인 회사에 맡겨서 광고를 만들고, 텔레비전 같은 매체에 광고를 많이 노출하면 성공한 브랜드가 될 수 있었습니다. 자본이 있으면 어렵지 않은 일이어서 대기업에서 할 수 있는 일이었지요.

지금은 소통하는 채널이 다변화되었기 때문에 SNS로도 충분히 팬덤을 형성할 수 있게 되었습니다. 이 말의 의미는 스몰브랜드여도 충분히 경쟁력을 가질 수 있다는 뜻입니다. 요즘 SNS에서 연예인 못지않은 인기를 누리고 있는 인플루언서[14]들이 바로 그 증거입니다.

건물만 지으면 사람들이 모이는 시대는 끝났습니다. 현대의 소비자들은 과거의 소비자처럼 수동적이지 않고, 자신의 가치관과 개성이 드

---

14 인플루언서(Influencer): 인스타그램, 유튜브 등 소셜네트워크서비스(SNS)에서 수십만 명의 구독자(팔로워)를 보유한 'SNS 유명인'

아이들이 빵 위에 그림을 그려가며 먹을 수 있도록 튜브 형태로 제작된, '라라브레드'의 물감 잼

러날 수 있는, 취향에 맞는 브랜드를 적극적으로 찾아 나섭니다. 세분화된 취향과 다각화된 개성을 수용할 수만 있다면 소비자들에게 브랜드의 규모는 크게 중요치 않습니다. 오히려 누구나 쉽게 만나는 빅브랜드에서, 특별한 취향의 작은 브랜드로 소비자의 관심이 옮겨가고 있다고 보는 것이 맞습니다.

지금 시대에 중요한 것은 자본이나 규모가 아니라 특별함과 차별성이 담긴 콘텐츠입니다. 브랜드를 만들 때는 남들과 차별화된 소비를할 수 있도록 자신만의 독특한 이야기와 감성을 콘텐츠에 담는 것이중요합니다.

저는 앞으로 창업자가 생존하기 위해 두 가지의 선택지가 있다고 봅니다. 아예 글로벌 톱 브랜드가 되거나 그렇게 할 수 없다면 개인의 취향을 반영한, 경쟁력 있는 스몰브랜드를 만드는 것이죠. OTD를 창업한 것도 바로 이런 믿음 때문이었습니다. 다음 장에서는 OTD의 출발점, 공간 플랫폼에 대해 이야기해보도록 하겠습니다.

PART.2

디지털 밖으로,
오프라인만의 가치를 담은 '공간 플랫폼'

1

**조용한 움직임,
출렁이는 소비시장**

Millennials

현 소비시장을 주도하는 세대는 국내 인구의 33.7%를 차지하는 'MZ세대 (밀레니얼 세대 · Z세대)'입니다. 특히 밀레니얼은 현재 전 세계의 소비, 생산, 투자, 고용의 주축이 되는 세대로 경제의 주도권을 쥐고 있을 뿐만 아니라 이전 세대와는 전혀 다른 소비로 산업의 변화를 이끌고 있죠. 즉, 밀레니얼을 이해하면 소비시장의 흐름을 알 수 있고, 아이디어를 얻을 수 있다는 말입니다.

인간은 매일 소비합니다. 밥을 먹고, 커피를 마시고, 영화를 보고, 옷을 사고, 게임을 하고, 대중교통을 이용하는 등 자신의 목적을 위해 돈을 지불하죠. 소비는 과거 생존을 위해 물건을 사던 단순한 행위가 아니라 사회, 문화, 경제, 정치 등 전반에 걸쳐 커다란 영향력을 행사하는 고유한 개인의 활동으로 진화했습니다. 2019년 시작된 '노재팬(No Japan)' 운동은 일본 기업뿐 아니라 일본 소도시의 경제를 얼어붙게 만들 만큼 커다란 타격을 입혔죠. 글로벌 시대이다 보니 대중의 소비가 다른 나라의 경제에까지 영향을 미칠 정도로 현대 경제활동의 핵심이 된 것입니다.

현재 우리나라의 소비시장은 변화무쌍하게 움직이고 있습니다. 우리나라 소비자들은 전 세계 어느 나라보다도 트렌드에 민감하고, 까다로운 소비 성향을 보이고 있습니다. 과거 획일적이던 소비 행태를 벗어버리고 개인이 추구하는 재미와 즐거움, 행복을 좇아가고 있습니다. 가성비(價性比)를 따지던 소비자들이 이제 가격 대비 마음의 만족을 추구하는 가심비(價心比)를 추구하고, 여기에 더해 빈곤한 시간까지 보충해줄 수 있는 가시비(價時比)를 고려합니다. 똑똑해지고 지혜로워진 소비자들은 더는 대기업의 물량 공세와 주입식 광고에 휘둘리지 않고, 개인의 취향과 개성을 찾아 소비하고 있습니다. 이 같은 소비시장의 흐름에는 변화를 주도하는 세대가 있습니다.

바로 밀레니얼 세대입니다.

소비시장의 주도권을 쥔
밀레니얼의 이해

현 소비시장을 주도하는 것은 국내 인구의 33.7%를 차지하는 'MZ세대(밀레니얼 세대 · Z세대)'[17]입니다. 특히 밀레니얼은 현재 전 세계의 소비, 생산, 투자, 고용의 주축이 되는 세대로 경제의 주도권을 쥐고 있을 뿐만 아니라 이전 세대와는 전혀 다른 소비로 산업의 변화를 이끌고 있죠. 즉, 밀레니얼을 이해하면 소비시장의 흐름을 알 수 있고, 아이디어를 얻을 수 있다는 말입니다.

'역사상 최초로 부모보다 가난한 세대'라고 일컬어지는 밀레니얼은 산업 성장기를 거치며 경제적으로 여유 있는 베이비부머의 자녀 세대로 사회적인 풍요로움 속에서 IT 혁명의 수혜를 입고 태어났습니다. 편리한 디지털 문화와 깨끗한 환경에서 좋은 교육을 받고, 물질적으로도 부족함 없이 지낸 데다 해외여행 역시 어렵지 않게 다니며 자란 세대이기도 하죠. 온갖 혜택을 받고 자라났지만, 막상 대학을 졸업해서 자립하려고 보니 할 수 있는 게 별로 없습니다. 바로 이것이 소비 패턴의 중요한 변곡점이 됩니다.

지금 세계 경기는 이전 세대가 경험한 적 없는 저성장 국면에 접어들었습니다. 역대 최저 수준의 '저금리 기조'가 이어지는 데다, 2020년 3월 11일 세계보건기구(WHO)가 코로나19에 대한 팬데믹(Pandemic, 세계대유행)을 선언하면서 전 세계 경제는 거의 멈추다시피 했습니다.

---

17 MZ세대: '밀레니얼(millennials)'은 1981~1996년에 태어난 세대이며, 'Z세대(Generation Z)'는 1995년 이후에 태어난 세대를 의미한다.

이런 상황에서 밀레니얼이 만족할 만한 일자리는 하늘에 별 따기만큼 찾기 어려워졌습니다.

전 세계적으로 노동시장에서 가장 높은 비율을 차지하고 있고, 소비 구매력의 관점에서도 가장 핵심인 세대지만, 밀레니얼이 자산을 증식할 수 있는 방법은 별로 없습니다. 부모의 재정적인 도움 없이는 평생을 일해도 집 한 채 마련할 수 없는 게 바로 밀레니얼의 처지인 것입니다. 이는 우리나라뿐만 아니라 전 세계적으로 다 마찬가지입니다. 현재 우리나라가 겪고 있는 비혼주의자의 증가, 저출산 및 30대 주택 자가 소유율의 하락 등은 이런 밀레니얼의 특성에서 기인했다고 볼 수 있습니다.

다이내믹하게 변하는
한국의 소비시장

학창시절 공부에만 몰두하고 자신을 표현할 기회가 적었던 젊은 층은 자신의 감정을 겉으로 드러내는 데 소극적입니다. 대신 소비를 통해 자신을 표현합니다. 돈을 모을 여력 자체도 없지만, 돈을 모은다고 해도 할 수 있는 것이 별로 없으니 차라리 '소소한' 소비를 통해 현재를 즐기면서 행복을 추구하고자 하는 것입니다.

밀레니얼의 성격을 대표하는 예를 한 가지 들어볼까요? 과거 X세대

[18]는 자신이 받는 연봉에 맞추어 첫차를 구매했지만, 밀레니얼은 연봉과 상관없이 자신이 좋아하는 브랜드의 차를 사는 경향이 뚜렷합니다. 현재 처지를 고려하면 결코 선택할 수 없는 사양이라도 개의치 않습니다. 이유는 간단합니다. 불투명한 미래 때문입니다. 물론 이것도 취직한 이들에게나 해당하는 이야기로, 이조차도 허용되지 않는 젊은 층이 선택할 수 있는 건 결국 맛있는 음식을 먹거나 여행을 하는 등 일상을 만족시킬 수 있는 소소한 지출밖에는 없습니다. 이는 무분별하게 지르는 과소비와는 성격이 다릅니다. 소비를 통해 자신을 드러내고 현재의 삶을 즐기고자 하는 마인드에서 비롯된 것이니까요.

재미있는 것은 우리나라에서 밀레니얼의 특성이 발현됨과 동시에 GDI 3만 달러 시대가 열리면서 다른 나라에서는 찾아볼 수 없을 정도로 소비시장이 다이내믹하게 변하고 있다는 점입니다. 그리고 이런 현상은 더 빠르게, 더 급격하게 심화될 전망입니다.

SNS의
위로

현대인은 근본적으로 불안합니다. 산업이 성장하면서 물질적으로는 풍요로워졌고 지식, 수명, 기회 등 많은 부분에서 부족함이 없는 시대지만, 경제 성장과 더불어 사회적 지위와 경제적 성과, 즉 돈을 얼마나

18　X세대: 경제적 풍요에 따른 물질주의를 바탕으로 자기 주장을 강하게 내세웠던 세대로, 연령으로는 1968년을 전후해서 태어난 세대

벌었느냐에 따라 자신을 평가받는 일이 많아졌습니다. 절대적 빈곤이 아닌 상대적 빈곤으로 인한 불안감에 더해 나와 비슷한 무리에서 자신이 떨어져 나갈 수도 있다는 사실에 극도의 공포를 느끼지요.

그런데 SNS를 보면 어떤가요? 나는 힘들고 외롭고 불안하고 어려운데, 나를 뺀 나머지 사람들은 모두 멋진 곳을 여행하고, 맛있는 것을 먹으며, 하루하루가 즐겁고 행복한 것처럼 보입니다. 이를 보며 사람들은 더 큰 공허와 불안을 느끼고, 자신도 잘난 무리 속에 끼어들기 위해 자기 자신이 아닌 허상을 그리기 시작합니다. 바꿔 말하면 자신의 가치와 중요성을 내가 아닌, 타인의 눈에 의해 결정하는 것이죠. 즉, 지금 세상은 '내가 나를 어떻게 보느냐'가 아닌, '다른 사람이 나를 어떻게 보는가'를 중요한 기준으로 삼는 사람이 많다는 이야기입니다.

특히 미래가 보이지 않는 밀레니얼은 SNS를 통해 취향이 같은 사람끼리 정보를 공유하고, 공감하며 서로를 위로하고자 합니다. 이때 가장 효과적인 방법이 '소비'를 통해 자신의 허상을 만드는 것입니다. 허상이란 말 그대로 있는 그대로의 나 자신이 아닙니다. 현실의 모습과 달리 타인에게는 좋은 모습을 노출해 남들에게 과시하고, 스스로 위로받습니다. 그렇기 때문에 밀레니얼의 현실과는 달리 SNS에는 절망이 보이지 않습니다.

밀레니얼이 주축이 된 현대 소비자의 라이프스타일과 소비 패턴도 과거와는 많이 달라졌습니다. 거실에서 가족들과 TV 리모컨 쟁탈전을 벌이는 대신 공간에 구애받지 않고 자신이 원하는 채널을 선택할 수 있는 넷플릭스를 구독하고, CD를 사는 대신 스트리밍으로 분위기에 맞는 곡을 골라 듣습니다. 주방에서 요리하는 데 시간과 정성을 들이

기보다 가정간편식(HMR)이나 밀키트(meal kit)로 식탁을 차리고, 남는 시간에는 취미생활이나 자기계발에 열중합니다. 소유 대신 편의성을 선택한 것입니다.

타인의 눈을 피해가며 찾던 숙박업소는 20~30대의 놀이터가 되어 음지에서 양지로 당당하게 모습을 드러냈으며, 절대적인 힘을 발휘하던 가격경쟁력(세일, 할인 등)의 유혹에서 벗어나 자신의 가치관과 신념에 따라 친환경 제품과 양심 기업의 제품을 구매합니다. 개인의 충만한 만족감을 위해서라면 기준보다 비싸더라도 지갑을 엽니다. 새로운 경험을 좇아 모험하기를 꺼려하지 않고, 이런 자신의 모습을 SNS라는 창을 통해 드러내며 공감받기를 바랍니다.

SNS를 통해 자신을 표출하는 밀레니얼 세대들이 갈망하는 경험의 폭은 이전 시대보다 훨씬 더 깊고, 더 다양합니다. 남들과 차별화되기 원하는 이들은 지극히 개인적인 경험을 원하고, 무언가 발견하기를 갈구하는 경향이 있죠. 여기에서 필요 조건으로 등장하는 것이 바로 색다른 공간, 아이디어가 덧입혀진 새로운 공간입니다. 디지털상에서의 경험은 제한적일 뿐 아니라 비주얼적으로도 표현이 어렵기 때문이죠.

이런 소비자들에 의해 우리나라의 소비시장은 몇 년 전부터 '패러다임 혁명'이라고 불릴 만큼 크게 출렁이고 있으며, 이런 소비자의 조용한 움직임은 소비시장의 지형과 행태를 완전히 바꿀 만큼 강력한 힘을 발휘하고 있습니다.

2

오프라인 매장의 내일

도심 속의 아케이드 플랫폼
시청 디스트릭트 C(위), 여의도 디스트릭트 Y(아래).

Paradigm

온라인 시장이 거대해지면 그에 따라 오프라인 매장은 도심에서 그 자취를 완전히 감추게 되는 것일까요? 저는 그렇게 생각하지 않습니다. 저는 단지 도시의 모습이 과거와 다른 양상을 띨 뿐이라고 생각합니다.
소비자를 오프라인으로 움직이게 하려면 온라인과는 완전히 다른 관점의 새로운 가치를 만들어야 합니다.

최근 뉴스를 보면 연일 상가 공실률 역대 최고, 대형마트의 위기, 백화점 실적 부진 소식이 심심치 않게 들립니다. 실제 주요 상권 거리를 걷다 보면 '임대' 표지판을 내붙인 비어 있는 점포들을 어렵지 않게 찾을 수 있습니다. 이런 현상의 원인에는 1~2인 가구 증가 등 라이프스타일의 변화와 경기부진, 주 52시간 근무제 같은 여러 가지 사회적 문제가 얽히고설켜 있지만, 소비자들이 전통적인 오프라인 점포에서 모바일을 포함한 온라인으로 구매처를 옮기면서 생겨난 영향도 큰 부분을 차지하고 있습니다. 그렇다면 과연 앞으로 오프라인 매장은 사라지고 마는 것일까요?

도시는

진화 중

약 20여 년 전 인터넷이 대중화되고 온라인 쇼핑(전자상거래)이 가능해지면서 방송과 언론에서는 금세라도 오프라인 시대가 저물 것처럼 호들갑을 떨었습니다. 그러나 온라인 쇼핑몰 시장의 성장은 기대치보다 느렸고, 사람들은 생각보다 온라인 쇼핑몰의 영향력이 크지 않은 게 아닐까 라는 의문을 품기 시작했습니다. 그즈음 스마트폰이라는 커다란 혁명이 일어났습니다.

　느리게 움직이던 온라인 시장은 소셜커머스[19]의 등장으로 예상을 뛰

---

19 소셜커머스(social commerce): SNS를 활용해 이루어지는 전자상거래의 일종

어넘으며 폭발적으로 성장하기 시작했고, 지금은 오프라인 시장을 잠식할 정도로 그 영향력이 막강해졌습니다. 미국도 최근 몇 년간 국내백화점과 대형 할인점 등 소매업 폐업이 줄을 잇는 등 소매업은 빠르게 위축되고 있습니다. 미국의 비즈니스 및 기술 뉴스 웹사이트인 '비즈니스 인사이더(Business Insider)'가 조사한 바에 따르면 2019년 2개월간 폐점한 점포는 지난해 같은 기간 대비 두 배나 많았다고 하죠. 국제신용평가사 무디스는 이런 현상을 두고 '소매업의 종말(retail apocalypse)'이라고 표현하기도 했습니다.

우리나라도 상황은 별반 다르지 않습니다. 산업통상자원부에 따르면 소비시장에서 주요 오프라인 매장 매출이 차지하는 비중은 2015년 69.6%에서 2019년 61.1%(9월 기준)로 급감했습니다. 더 큰 문제는 많은 경제학자들이 상점 폐쇄는 더 가속화될 것이고, 소매업의 초토화는 지금보다 훨씬 더 심각해질 것으로 예상하고 있다는 점입니다.

그렇다면 온라인 시장이 거대해지면 그에 따라 오프라인 매장은 도심에서 그 자취를 완전히 감추게 되는 것일까요? 저는 그렇게 생각하지 않습니다. 저는 단지 도시의 모습이 과거와 다른 양상을 띨 뿐이라고 생각합니다. 실제 명동, 강남, 가로수길, 홍대 같은 메인 상권은 축소되는 반면 사람들이 잘 찾지 않던 지역의 골목길 상권 등 비주류였던 공간이 주류 공간으로 떠오르고 있는 것이 그 예입니다.

오프라인의
대체할 수 없는 가치

여기서 짚어야 할 포인트는 두 가지입니다. 첫째, 앞서 이야기한 것처럼 소비자가 과거와 달리 다른 사람과는 다른, 차별화된 경험, 새로운 도전을 원한다는 점입니다. 만약 과거의 방식대로 어디에서나 살 수 있는 물건(혹은 체험)을 늘어놓고 손님이 찾아오기를 바란다면 이는 시대의 흐름을 역행하는 것이죠.

둘째, 소비자들이 온라인에서 찾는 가치와 오프라인에서 찾는 가치가 다르다는 점입니다. 소비자들이 온라인과 오프라인에서 얻는 가치의 무게가 똑같다면 당연히 온라인을 선택할 것입니다. 온라인이 오프라인에 비해 월등하게 편하니까요. 예전에는 생필품을 조금이라도 저렴하게 구매하기 위해 먼 할인점까지 가서 쌀이나 생수를 사왔지만 이제는 클릭 한 번이면 집 앞까지, 내가 원하는 시간에 정확하게 배달이 됩니다. 그러니 굳이 일부러 오프라인 할인점에 가서 무겁게 끙끙대며 장을 볼 이유가 없습니다. 다시 말해 시대의 변화보다는 오프라인 공간만이 줄 수 있는 가치를 스스로 만들어내지 못하기 때문에 사람들에게 외면당한다고 봐야 합니다.

시간이 좀 더 흐르면 온라인이 오프라인을 압도하고, 오프라인이 자연스럽게 사라질 것이라고 생각하는 사람도 분명 있습니다. 하지만 예술사나 철학, 건축사 등을 공부하다 보면 '물성'이란 것은 결코 대체할 수 없다는 것을 알게 됩니다. 물론 비슷하게 흉내 낼 수는 있겠지만, 실제 인간이 자각하는 상태에서 느끼는 물성, 즉 사람이 직접 만지고, 느끼고, 맛보는 물성의 미묘한 차이를 기술로 완벽하게 구현하기는 어렵다고 보는 것입니다. 물론 증강현실(AR)이나 가상현실(VR) 같은 최첨단 혁신 기술이 활발하게 연구되고 있고, 불가능할 거라고 여겼던 오감 콘텐츠까지 개발되었다는 소식이 들리기는 하지만(VR로 커피를 보면서 커피 향을 맡을 수 있는 기술이 개발되었다고 합니다), '감각'만으로 아주 미세한 차이를 구분해내는 인간의 오감을 온라인상에서 완벽하게 구현해내는 데는 훨씬 더 긴 시간이 필요할 것입니다.

저는 아무리 디지털 문화가 발달해도 오프라인상에서만 느낄 수 있는 '감성'을 좇는 사람이 분명 있을 것이라는 믿음이 있습니다. 만약 온라인상에서 모든 것을 감각할 수 있다면 영화 〈매트릭스〉에 등장하는 인간처럼 작은 큐브 안에 들어가 뇌로만 느끼면 되지 굳이 활동을 해야 할 이유가 없으니까요. 그런데 큐브 안에 들어가 살고 싶어 하는 사람이 과연 얼마나 될까요?

물론 영화 〈매트릭스〉에서처럼 진실이 가려진 가상세계에서 살 수 있는 파란 알약과 험하지만 진정한 삶이 있는 현실세계에서 살 수 있는 빨간 알약 중 전자를 선택하는 사람도 있겠지만, 빨간 알약을 선택하는 사람을 위해 오프라인의 공간은 항상 필요한 법입니다. 많은 사람이 온라인 쪽에서 창업을 준비할 때 제가 오프라인 공간에 집중하는 이유이기도 합니다. 소비자를 오프라인으로 움직이게 하려면 온라인과는 완전히 다른 관점의 새로운 가치를 만들어야 합니다. OTD가 추구하는 것이 바로 오프라인에 특화된 공간의 기획, 즉 공간 플랫폼 비즈니스입니다. 그렇다면 앞으로의 공간은 어떻게 활용되어야 할까요?

PART.2

3

**하나의 공간, 하나의 기능,
1:1 개념이 무너지다**

아크앤북 순자정 안에 위치한 카페 바켄

Platform

건축은 공간과도 밀접한 관련이 있습니다. 목적에 의해 세워진 건축물의 공간 기능은 지금까지 대부분 1:1 개념이었습니다. 예를 들어 목욕탕은 목욕탕, 책방은 책방, 은행은 은행으로서 기능한 것이죠. 그러나 지금 우리는 공간의 1:1 개념이 완전히 바뀌어가는 전환점에 서 있습니다.

우리가 당연하게 여기면서 살아가는 도시나 공간에 대한 관념은 근대에 만들어진 개념입니다. 생각해보면 고대에 지은 집들은 자연환경이나 적으로부터 나를 보호하기 위한 은신처에 불과했습니다. 나무나 돌 같은 자연 재료를 사용해 만든 구조물은 휘어지지 않는 재료의 특성상 공간을 설계하는 데 한계가 있었죠. 18세기 후반 이후 시멘트와 철, 19세기 중엽 콘크리트라는 새로운 재료가 등장하면서 자연 재료인 나무와 돌의 속성에서 자유로워지게 되고 이때부터 건축사의 혁명은 시작됩니다. 공간 설계가 자유로워진 것입니다. 그러다 보니 이전에 없던 고민이 생겨났습니다. 디자인이 필요해진 것이지요. 돌이나 나무를 쌓아서 건축물을 지을 때는 구조적인 공간보다 크기가 중요했을 뿐, 디자인이라는 개념이 크게 필요하지 않았습니다. 그런데 새로운 재료가 발명되자 디자인이 필요하게 되었지요.

1900년경 있었던 아르누보(Art Nouveau) 건축운동은 철과 유리 등

아르누보(Art Nouveau) 건축양식

을 사용해 자유분방한 자연주의적 표현을 시도했으나 지나치게 곡선을 많이 사용해 일시적인 경향에 그치고 말았습니다. 실질적으로 근대 건축의 혁명을 이룬 것은 그 이후 나타난 제체시온(Secession) 건축운동입니다. 합리적인 요소와 미적 요소를 결합한 제체시온 운동은 획기적인 구조를 만들어내면서 현대 건축 사상의 모체가 되었습니다. 이후 철근 콘크리트와 건축 기술 등이 급속하게 발전하면서 현재 '콘크리트 숲'이라 불리는 도시를 만들어내게 된 거죠.

건축은 공간과도 밀접한 관련이 있습니다. 목적에 의해 세워진 건축물의 공간 기능은 지금까지 대부분 1:1 개념이었습니다. 예를 들어 목욕탕은 목욕탕, 책방은 책방, 은행은 은행으로서 기능했습니다. 그러나 지금 우리는 공간의 1:1 개념이 완전히 바뀌어가는 전환점에 서 있습니다.

효율 추구
큐비클 오피스

현대에서 가장 기본이 되는 공간, 사무실(office). 사무실이라고 하면 떠오르는 이미지가 있습니다. 일반인이라면 대부분 드라마 〈미생〉의 배경이 되었던 종합상사 같은 분위기를 가장 먼저 떠올릴 것입니다. 넓은 공간에 적당한 높이의 칸막이가 설치되어 있고, 각자 자신의 자리에 앉아서 일하죠. 이 오피스라는 공간이 어디서 탄생했는지, 그 기원을 찾아 거슬러 올라가보면 재미있는 사실을 알 수 있습니다.

사무실이 처음 등장한 것은 19세기 중반입니다. 초기의 사무실은 개인 사업자가 하나의 공간에 파트너나 회계사 등을 고용해 함께 일하는 형태였어요. 두세 명의 직원이 한 방에서 업무를 분담해서 일을 했지요. 스크루지 영감이 일하던 사무실을 떠올려보면 쉬울 겁니다.

우리가 생각하는 칸막이가 있는 사무실은 1990년대에 들어서면서 등장했습니다. 이전까지만 해도 사무실에서 일하는 노동자, 소위 말하는 화이트칼라는 전체 노동인구 중 5%가 채 되지 않았어요. 그러다 1920년대부터 대도시를 중심으로 사무직 근로자가 폭발적으로 늘어나면서 업무를 지시하고 체계적으로 관리 감독할 수 있는 효율적인 공간이 필요해졌어요. 이런 '지식 노동' 시대의 개막과 함께 등장한 것이 우리가 알고 있는, 한 사람씩 들어갈 수 있도록 칸막이(파티션)가 있는 사무실, 즉 큐비클(cubicle) 시스템의 대형 오피스예요.

큐비클 시스템은 업무에 집중하기 좋고 생산성을 높일 수 있도록 섬세하게 설계된 디자인입니다. 정해진 면적 안에 효율적으로 가구를 배치하고, 사람을 배치하죠. 게다가 프라이버시도 적당히 보호해줍니다. 기존 사무실에 대한 고정관념을 무너뜨린 큐비클 시스템은 '오피스의

효율에 중점을 둔 기존 큐비클 오피스(왼쪽)와 사람에 중점을 둔 크리에이티브 오피스(오른쪽)

혁명'이라고 불릴 정도로 당시로서는 획기적인 시도였어요.

100년 가까이 이용되었던 큐비클 사무실은 2000년대에 들어 다시 변하기 시작합니다. 2차 오피스 혁명이 시작된 거예요. 그런데 이번에는 과거와 달리 칸막이를 없애는 것에서 그 혁명이 시작되었습니다. 서로 얼굴을 보며 언제든지 대화를 나눌 수 있고, 아이디어를 공유할 수 있도록 한 것이죠. 그리고 최근에는 이런 열린 사무실에 또 다른 개념이 더해졌습니다.

사람이 보이는
오피스

구글과 애플의 직원이 일하는 공간은 CEO가 변변한 사무실조차 없이 차고에서 창업을 했기 때문인지 그야말로 획기적인 디자인으로 사람들의 시선을 사로잡았습니다. 사내에 당구장이 있는가 하면, 카페와 바가 있고, 낮잠을 잘 수 있는 1인용 공간, 미니 골프장 등이 마련되어 있습니다. 자유로운 에너지와 창의적인 발상을 돕기 위해 감성을 자극하는 공간으로 디자인한 것이죠. 특히 구글은 사무실을 캠퍼스라고 부르며 직원들이 상상력과 창의력을 발휘할 수 있는 물건으로 채워 넣은 것으로 유명합니다.

이런 사무실의 디자인은 미국 스타트업이 주로 채택하고 있으며, 최근 '크리에이티브 오피스(creative office)'라고 불리는 공유 오피스의 인테리어는 애플이나 구글보다 더욱 진화하고 있습니다. 만약 사전 정보 없이 최근에 생겨나고 있는 공유 오피스의 기업 홍보 사진을 본다면 사무실이 아닌 호텔이나 카페라고 착각할 정도입니다. 일에만 집중할 수 있도록 디자인된 큐비클 오피스는 이제 그 틀을 완전히 벗어나 창의적인 공간으로 변하기 시작한 것입니다.

　여기서 눈여겨볼 것은 큐비클 시스템에서는 어떤 사람이 일하는지가 중요하지 않다는 점입니다. 즉 사람이 아닌, 효율성만 따진 공간이지요. 하지만 최근의 스타트업 사무실이나 공유 오피스의 공간 특성을 보면 사람이 보이기 시작합니다. 생각해보면 사무실이라고 해서 일만 하지는 않습니다. 회의할 공간도 필요하지만, 커피를 마시며 사람들과 담소를 나눌 곳도 있어야 하고, 혼자서 생각하거나 쉴 곳도 있어야 합니다. 앉아서 일할 수도 있지만, 서서 일하거나 걸어 다니면서 일할 수도 있습니다(뇌는 걸을 때 활발하게 움직인다고 하죠). 이처럼 일하는 공간의 개념 자체가 과거와는 완전히 다른 의미로 변하고 있습니다.

구글은 사무실을 캠퍼스라고 부르며 직원들이 상상력과 창의력을 발휘할 수 있는 물건으로 채워 넣은 것으로 유명하다.

좀 다른 이야기이긴 하지만, 대기업에서 위워크 같은 공유 오피스를 좋아하는 이유는 따로 있습니다. 위워크 회원이라면 뉴욕, 도쿄, 토론토 등 전 세계 어디에서든 위워크를 사용할 수 있습니다. 이런 부분이 위워크를 찾게 하는 장점입니다. OTD 같은 스타트업도 회사가 예상보다 빨리 성장해서 이사를 자주 다녀야 했습니다. 이사를 할 때마다 들어가는 인테리어 비용도 만만치가 않은데, 이럴 때는 차라리 공유 오피스를 이용하는 것이 장기적으로 보았을 때 더 저렴할 수 있습니다. 이처럼 공유 플랫폼은 잘 이용하면 여러 가지 이점을 얻을 수 있습니다.

이미 공유 문화는 발전하고 있고, 시장은 가파르게 성장할 것입니다. 특히 우리나라의 경우, 건물주들이 오피스 공실 문제로 골머리를 앓고 있는데, 이때 위워크나 패스트파이브 같은 공유 플랫폼 기업이 들어가면서 공유 플랫폼은 공실 문제를 해결할 좋은 대안으로 여겨지고 있습니다.

소비자의 욕구 충족,
공간 콘텐츠

최근 카페에서 공부하는 '카공족'이 늘어나자 아예 카페 전체를 도서관처럼 꾸며놓은 공간이 생겨나고 있습니다. 오피스나 카페뿐만이 아니라 모든 분야에서 경계가 허물어지고 있습니다. 과거에는 식당에서는 밥만 먹고, 카페에서는 커피만 마시고, 서점에서는 책만 사고, 사무실에서는 일만 했지만, 지금은 그렇지 않습니다. 한 공간이 하나의 기능만 수행하지 않죠.

공간에 대한 논리도 기존의 개념과는 완전히 다른 방식으로 변하고 있습니다. 지능적이고 효율만 추구하던, 즉 하나의 공간이 하나의 기능을 수행하던 1:1 방식은 깨지고 그 대신 전혀 예측할 수 없는 새로운 공간이 속속 등장하고 있습니다. 서점에서 커피를 마시고, 도서관에서 쇼핑을 하며, 은행과 서점이 공존하는 등 한 번에 두 가지 이상의 기능을 하는 공간으로 활용되고 있습니다. 한동안 하락세를 보이던 PC방도 다양한 먹거리를 취급하기 시작하면서 다시 살아나고 있는 것을 보더라도 공간이 반드시 하나의 기능만 고수할 필요는 없습니다. 이처럼 하나의 공간이 카멜레온처럼 주위 환경에 맞춰 변신한다고 해서 이를 '카멜레존'[20]이라고 부르기도 합니다.

이 같은 경계의 무너짐, 즉 공간의 융·복합은 이미 15~20년 전에 시작되었지만, 그 분야는 점차 더 폭넓게 분야를 망라하면서 뒤섞이고 있습니다. 이처럼 공간의 개념이 바뀐 것은 왜일까요? 당연히 소비자가 변했고, 원하기 때문이죠. 이는 다시 말해 이제 하나의 기능만으로는 소비자를 만족시킬 수 없고, 공간에서도 '재미'를 추구하는 소비자가 등장함에 따라 공간도 그런 소비자의 욕구를 충족시킬 수 있는 콘텐츠로 채워야 한다는 것입니다. 예전에는 즉석 빨래방에 가면 아무것도 하는 일 없이 지루하게 기다려야 했어요. 그런데 지금은 빨래가 다 될 때까지 커피도 마실 수 있고, 노트북을 펼쳐서 일을 할 수도 있습

---

20 카멜레존(chamelezone): '카멜레온(chameleon)'과 공간을 의미하는 '존(zone)'의 합성어로 《트렌드코리아 2019》(김난도 외, 미래의창)에서 언급했다.

니다. 일본의 츠타야는 책을 보는 공간을 넘어 먹기도 하고 씻기도 하는 공간으로, 층별 아파트형 도서관인 '츠타야 북아파트먼트(Tsutaya Book Apartment)'를 만들었습니다.

서점에서는 책만 구매해야 하고, 코스메틱숍에서는 화장품만 사야 한다는 고정 관념은 이제 깨져야 합니다. 소매업이 벼랑 끝에 서면서 온라인에 밀리지 않기 위해서는 사업 기반이던 오프라인 공간에 의미를 더하고, 새로운 가치를 부여해 소비자가 자발적으로 모여들 수 있도록 공간을 완전히 탈바꿈해야 합니다. 폐업한 목욕탕이 안경과 선글라스 전시장으로 탈바꿈하고, 의류매장이라고 생각하고 들어간 곳에 북카페가 있습니다. 온라인의 활성화로 인해 가장 많이 바뀐 것은 공간의 기능적인 측면입니다. 이제 공간의 공식은 1:1이 아닌 '1 : N(다수)'으로 기억해야 할 것입니다.

사무실은 100여 년의 짧은 역사에도 다이내믹한 변화를 보여주었습니다. 우리가 지금 당연하게 생각하는 공간이 과연 내일도 당연할까요? 창업을 생각하고 있다면 '내일의 공간'에 대해 깊이 고민해보아야 합니다.

PART.2

4

공간의 가치를
읽어내다

아크앤북 시청점 북터널

이크앤북 잠실점 아치로드

Value

사양 산업이란 없습니다. 단지 가치를 제대로 발견하지 못할 뿐입니다. 과거의 관점에 얽매여서 바라보면 오프라인 서점은 결코 온라인 서점을 넘어설 수 없습니다. 아니, 세상에서 사라져야 하는 공간입니다. 그러나 조금만 달리 생각하면 오프라인 서점은 온라인 서점이나 전자책이 보여 줄 수 없는 많은 가치를 지니고 있습니다.

1995년 제프 베조스(Jeff Bezos)는 시애틀에서 인터넷 서점을 열었습니다. 이 인터넷 서점이 세계 최대 전자상거래 업체로 성장한 아마존입니다. 아마존은 문을 연 지 일주일 만에 1만 2,000달러 상당의 주문을 받았습니다. 하지만 첫 주에 배송된 책은 1,000달러도 안 되는 846달러에 지나지 않았습니다. 자체 재고 없이 주문을 받으면 출판사에서 책을 받아 고객에게 배달하는 시스템이었기 때문입니다. 하지만 인터넷 서점의 가능성을 엿본 제프 베조스는 아마존의 시스템을 재정비했고 지금은 책뿐만 아니라 옷, 보석, 가전제품은 물론 식품까지 취급하는 거대 온라인 커머스 회사로 성장시켰습니다.

구태의연한 방식의
서점

서점은 본래 책을 파는 공간입니다. 동네마다 서점이 있었고, 소비자는 목적을 가지고 혹은 목적 없이도 서점에 가서 책을 둘러보곤 했습니다. 그런데 인터넷 서점이 생겨나면서 서점은 책을 '사러' 가는 공간이 아닌, 원하는 책을 '배송'하는 곳으로 바뀌었습니다. 서점이 의미하는 개념이 완전히 바뀐 것이죠.

인터넷 서점이 일반화되면서 가까운 곳에서 지식 창고지기 노릇을 하던 동네 서점은 서서히 몰락하기 시작했습니다. 책 판매 위주로 움직이는 오프라인 대형서점도 고전을 면치 못하고 있죠. 실제 600개가 넘는 매장을 보유하고 있던, 오프라인 기반의 미국 최대 서적 소매업체인 '반스앤드노블(Barnes&Noble)'은 2019년 8월 8월 헤지펀드 엘

리엇에 매각되었습니다. 아마존에 밀려 고전했던 반스앤드노블은 대형서점만의 매력을 새롭게 만들어내지 못하고, 인터넷 서점을 따라하다 몰락하고 만 것이죠.

80%의 '사소한 다수'가 20%의 '핵심 소수'보다 뛰어난 가치를 창출한다는 '롱테일 법칙(The Long Tail)'이 있습니다. 서점에 이 법칙을 적용해보면, 1년에 몇 권밖에 팔리지 않는 책이라도 이들을 다 모으면 베스트셀러의 매상을 추월하기 하기 때문에 중요시해야 한다는 주장입니다. 온라인 서점에서는 이런 롱테일 법칙이 맞아떨어집니다. 하지만 오프라인 서점에 롱테일 법칙을 적용하면 어떻게 될까요? 어마어마하게 큰 공간이 필요합니다. 그렇게 큰 공간이라면 소비자가 책을 찾아내는 것도 쉽지 않을 것입니다. 그런데 반스앤드노블은 온라인 서점에서나 적용될 법한 이 법칙을 흉내 냈고, 그러다 보니 서점이 책을 파는 공간이 아니라 창고 수준으로 전락해버리고 만 것입니다. 당연히 소비자들에게 외면을 당하는 수순을 밟게 되었습니다.

물론 모든 오프라인 서점이 반스앤드노블과 같지는 않습니다. 35평의 작은 대여점에서 시작해 현재 일본 내 1,400개 매장, 연 2,000억 엔의 매출(2018년 기준)을 올리면서 국민 브랜드로 성장한 일본의 츠타야 서점은 지금이 온라인 서점 시대라는 것이 무색할 정도로 호황을 이루고 있지요.

새로운 가치를 더해
서점을 붐업시킨 '츠타야'

반스앤드노블과 츠타야 서점의 차이는 과연 어디에서 오는 것일까요? 인터넷 서점이 없을 당시 교보문고나 영풍문고 같은 대형서점이 지니고 있던 공간의 가치는 사야 할 책을 빨리 찾는 데 있었습니다. 박경리 소설 혹은 학습지나 경영서, 디자인 책을 사야겠다고 생각했다면 해당 코너에 가서 그 책을 빨리 찾는 것이 가장 중요했죠. 그렇다 보니 일정량을 제외한 모든 책을 가나다순으로 책장에 꽂아 효율을 높였습니다. 대형서점에 가보면 수많은 책이 서가에 꽂혀 있잖아요. 이런 형태가 단일 면적에 최대한 많은 책을 비치할 수 있고, 사람이 시각적으로 원하는 책을 빨리 찾아서 뺄 수 있는 방식이기 때문입니다. 하지만 일본의 츠타야 서점은 다릅니다. 책의 표지가 보이게끔 배치되어 있습니다. 그것도 모자라 사람들이 책을 잘 볼 수 있도록 책장의 높이까지 낮춰 놓았습니다. 하지만 이렇게 하면 책을 수용할 수 있는 공간이 현저히 줄어들고 맙니다.

우리나라에서 1년에 출간되는 책은 총 8만 권이 넘습니다.[21] 이를 365일로 나눠보면 하루에 새로 나오는 책이 무려 200권이 넘는다는 말입니다. 온라인이 아닌 오프라인 서점이 이 책을 모두 소화할 수 있는 방법은 없습니다. 하지만 기존의 대형서점은 이 책들을 최대한 많이 수용하는 방식을 택했고, 츠타야 서점은 기존 대형서점과 다르게

---

21 2018년 기준 8만 1,890종, 대한출판문화협회 통계자료

큐레이션에 집중한 일본 최대 라이프스타일 서점, '츠타야'

많은 책을 비치하는 데 집중하지 않았습니다. 그 대신 독자의 관심을 끌 수 있는 '큐레이션'에 집중했습니다.

'사러' 가는 것이 아니라
'발견'하러 가는 서점

책을 '산다'는 행위 자체로만 본다면 당연히 온라인 서점이 편합니다. 서점까지 찾아가야 할 이유도, 책을 찾느라 시간을 들일 이유도 없습니다. 가만히 앉아서 화면을 클릭하면 집 앞까지 책이 배송되니까요. 게다가 오프라인 서점과 달리 할인도 됩니다. 그런데 소비자가 굳이 오프라인 서점에 가서 책을 사는 이유는 무엇일까요?

제 개인적인 생각으로는 책의 표지 때문입니다. 현대 소비자는 감성을 중요하게 생각합니다. 감성에 이끌리는 표지와 문구를 보면 충동적으로 책을 구매하기도 합니다. 그래서 많은 출판사들이 표지 디자인과 제목을 정할 때 감성적인 부분을 많이 고려합니다. 이것을 바꿔 말하면 이제 서점은 책을 '사러' 가는 공간이 아니라 '발견'하러 가는 공간이라는 뜻입니다. 이는 서점이라는 개념 자체가 완전히 바뀌었음을 의미합니다. 개념이 바뀌었다면 추구하는 가치 또한 바뀌어야 합니다.

몇 년 전부터 대형서점이나 기존의 동네서점 유통방식에서 벗어나 주인의 취향대로 큐레이션해서 판매하는 소규모 책방인 독립서점도 이런 흐름에 발맞춘 시도들입니다. 역사·반려동물·시집·아트북 등 테마가 있는 독립서점은 기존의 정형화된 공간에서 벗어나 작가와의 만남, 낭독회, 강좌 등을 개최하며 책이라는 매개체를 통해 다양한 사람과 교류할 수 있는 만남의 장을 기획하면서 책을 통해 소비자의 오감을 만족시키고자 합니다.

사양 산업이란 없습니다. 단지 가치를 제대로 발견하지 못할 뿐입니다. 과거의 관점에 얽매여서 바라보면 오프라인 서점은 결코 온라인 서점을 넘어설 수 없습니다. 아니, 세상에서 사라져야 하는 공간입니다. 그러나 조금만 달리 생각하면 오프라인 서점은 온라인 서점이나 전자책이 보여줄 수 없는 많은 가치를 지니고 있습니다. 성공을 바란다면 소비자가 바라는 그 가치가 무엇인지 읽어내고, 발견해낼 수 있어야 합니다.

서점과 라이프스타일 숍이 결합된
복합 문화 공간 '아크앤북'

일본에는 도서관 콘셉트의 '북앤베드(Book&Bed)'라는 호스텔이 있습니다. 호스텔이라고 하지만, 겉보기에는 서점입니다. 낮에는 책을 보는 공간이고, 밤에는 책장에 들어가서 잘 수 있습니다. 책을 보고 있으면 어떤가요? 졸릴 때가 많죠. 잠이 오지 않을 때 책을 펴고 몇 줄 읽다 보면 스르르 눈이 감기기도 합니다. 그처럼 책을 읽다가 잠이 오면 책장 안에 들어가서 편하게 잠을 자라는 것입니다.

저는 이런 식으로 콘셉트와 만나는 공간이 하나의 기능을 수행하는 것으로부터 자유로워질 수 있는 프로그램이 서점이라고 생각했습니다. 그래서 저는 서점의 고정관념을 깨고, 제가 생각한 새로운 가치를 공간에 부여해보기로 했습니다. 그러한 생각으로 기획한 공간이 서점과 라이프스타일 숍이 결합된 복합 문화 공간 '아크앤북'입니다.

아크앤북의 가장 큰 특징은 첫째, 베스트셀러를 취급하지 않습니다. 돈을 받고 책을 홍보하는 것이 아니라 순수하게 섹터별로 큐레이션합니다. 아크앤북을 오픈하고 난 후 교수 한 분이 찾아와 제게 감사 인사를 한 적이 있습니다. 책을 내고 싶어서 자비로 출판을 했는데, 책을 받아주는 서점이 없어 홍보하는 데 막막해하던 중에, 아크앤북에서 받아주어 고맙다고 하더군요. 아크앤북은 표지가 감성적이거나 테마가 특이하거나 기존에 볼 수 없는 색다른 내용의 책 등 기준을 정해 큐레이션합니다. 대신 공간적으로 불리하기 때문에 종수는 한정될 수밖에 없습니다. 그럼에도 아크앤북을 찾는 사람들은 "대형서점에서 보지 못한 책이 왜 이렇게 많으냐?"고 묻곤 합니다. 사람이 볼 수 있는 시야는 정해져 있고, 대형서점은 시야가 닿는 곳에 마케팅 비용을 낸 책을 전시하지만, 아크앤북은 그렇지 않기 때문입니다.

둘째, 가능한 한 책을 세로로 꽂지 않고, 표지가 보이도록 놔둡니다. 마케팅 비용을 쓰지 않는 출판사의 책도 기꺼이 매대에 깝니다. 표지는 책이 전달하고자 하는 메시지를 가장 잘 담고 있습니다. 이런 표지를 보이게끔 진열하는 것은 책의 물성을 돋보이게 하는 방식입니다. 표지가 자연스럽게 소비자에게 말을 걸어 메시지를 전할 수 있도록 하고, 소비자들이 표지를 보고 직관적으로 책 내용을 짐작하도록 돕고자 함입니다. 이 같은 전략으로 매대에 놓인 1인 출판사, 독립출판사의 책들은 의외로 많이 팔리며 효자 노릇을 톡톡히 하고 있습니다.

셋째, 책을 읽다가 배가 고프면 밥을 먹을 수 있도록 서점 안에 식당을 마련했습니다. 과거 만화방을 다녀본 사람은 알겠지만, 만화 삼매경에 빠져 있다가 배가 고프면 시켜먹는 라면이나 볶음밥이 그렇게 맛있을 수가 없습니다. 서점이라고 해서 안 될 것도 없습니다. 아크앤북의 이런 전략을 출판사에 이야기했을 때 대부분은 난색을 표했습니다. 음식물로 인해 책이 손상·파손될 수 있으니 이는 출판사 입장에서는 당연한 반응이었지요. 그래서 이러한 리스크를 아크앤북이 떠맡기로 하고 서점을 열었는데 우려보다 우리나라 사람들이 책을 험하게 다루지 않는다는 걸 알 수 있었습니다.

본래 이런 시도는 대형서점과 함께 해보고 싶었던 것이었지만, 모두 거절당했습니다. 책을 공급하는 출판사에서도 처음에는 레스토랑 개념이 합쳐진 서점이라는 설명을 듣곤 난색을 표하며 계약을 거부했었죠. 대형서점과 출판사 모두 변화에 익숙하지 않았던 것입니다. 이처럼 어려운 여건 가운데 을지로 아크앤북이 문을 열었습니다. 그 결과는 어떠했을까요? 많은 소비자들이 열띤 호응을 보내고 있습니다. 성수동의 '성수연방' 내에 있는 50여 평의 아크앤북 평당 매출은 우리나라에서 제일 큰 교보문고 광화문점을 넘어섰습니다. 소비자들은 더 이상 시대의 니즈를 반영하지 않은 서점에 흥미를 갖지 않습니다. 그리고 저는 현재 소비자들이 원하는 가치를 서점에 담은 것뿐입니다.

지금 시대에 무슨 서점이냐며 우려를 표했던 사람들에게 저는 다시 한 번 당당하게 말할 수 있습니다. 사양 산업은 없다. 공간의 가치를 읽어내고, 어떻게 표현할 것인지가 관건이다, 라고 말이죠.

5

공간 플랫폼
비즈니스 시대

띵굴스토어 시청점

띵굴스토어 성수점

Platform Business

플랫폼 비즈니스(platform business)란 기차역의 플랫폼처럼 한 공간에서 거래가 일어날 수 있도록 판을 깔아주는 사업을 말합니다. 노천시장 개념으로 접근하면 이해가 쉬울 것입니다. 장터라는 공간이 있고, 물건을 파는 사람이 있고, 물건을 살 사람이 모이고, 거래가 일어나는 거죠. 생산자(판매자)와 소비자가 어느 한쪽으로 치우치지 않고 적당한 비율로 모여 거래가 활발하게 일어나면 일어날수록 그 장터의 가치는 점점 커지겠죠. 플랫폼 비즈니스가 장터와 다른 것은 디지털 기술을 기반으로 한 인터넷을 토대로 일어난다는 것입니다.

"세계 최대의 택시 회사 우버는 한 대의 자동차도 보유하지 않고, 세계 최대의 미디어 회사 페이스북은 콘텐츠를 생산하지 않으며, 최대의 기업 가치를 지닌 소매 기업 알리바바에는 재고가 없고, 또한 세계 최대 숙박업체 에어비앤비는 부동산을 보유하고 있지 않다."

광고 회사 하바스 미디어의 전략 담당 수석 부사장인 톰 굿윈(Tom Goodwin)이 설명한 플랫폼 기업에 대한 설명입니다. 플랫폼 기업의 등장은 비즈니스의 판도 자체를 바꾸어 놓았죠. 플랫폼이 등장하기 전에는 어떤 사업이든 기존의 대기업이 절대적으로 유리한 위치를 차지하고 있었습니다. 풍부한 인재와 자원, 게다가 충성 고객까지 갖춰져 있는 대기업을 작은 회사가 이기기란 절대 불가능한 일처럼 여겨졌습니다. 하지만 이제 세상이 달라졌습니다. 차고 같은 곳에서 컴퓨터 두어 대를 놓고 시작했던 애플, 구글, 마이크로소프트, 아마존, 페이스북 같은 플랫폼 기업이 현재 세계 10대 기업의 절반을 차지하고 있습니다. 그리고 이들 플랫폼 기업의 성장 속도는 기존의 기업과는 판이할 정도로 빠른 것이 특징입니다.

**생산자와 소비자가 만나는
'플랫폼 비즈니스'**

플랫폼 비즈니스(platform business)란 기차역의 플랫폼처럼 한 공간에서 거래가 일어날 수 있도록 판을 깔아주는 사업을 말합니다. 노천시장 개념으로 접근하면 이해가 쉬울 것입니다. 장터라는 공간이 있고, 물건을 파는 사람이 있고, 물건을 살 사람이 모이고, 거래가 일어나는 거죠. 생산자(판매자)와 소비자가 어느 한쪽으로 치우치지 않고 적당한 비율로 모여 거래가 활발하게 일어나면 일어날수록 그 장터의 가치는 점점 커지겠죠. 플랫폼 비즈니스가 장터와 다른 점은 디지털 기술을 기반으로 한 인터넷을 토대로 일어난다는 것입니다.

장터처럼 플랫폼 비즈니스에 대한 성격은 기존에도 있습니다. 우리에게 익숙한 백화점 같은 쇼핑몰이 그에 해당하죠. 백화점은 일정한 공간을 제공하고 그곳에 다양한 상점이 입점하도록 해서 소비자들이 모이도록 하는 플랫폼 역할을 합니다. 다만 지금의 플랫폼 비즈니스와 다른 것은 백화점은 공급자와 브랜드, 소비자가 만나는 데 관여한다는 점입니다. 소비자가 원하는 브랜드가 아닌, 백화점이 선정한 브랜드가 좋은 자리를 차지하고, 공급자 역시 소비자와 직접적으로 소통하는 것이 아닌, 백화점을 통해야만 가능했습니다.

플랫폼 비즈니스에서는 제3자(플랫폼을 제공하는 자)의 개입이 적으면 적을수록 좋습니다. 제3자는 파는 사람(생산자)과 사는 사람(소비자)이 많이 모이도록 플랫폼(장터)을 설계하고, 운영하고, 업그레이드만 담당합니다. 나머지는 생산자와 소비자가 자발적으로 거래를 하며 균형을 맞춰 나가도록 하는 것이 플랫폼 비즈니스의 기본입니다.

디지털 시대가 되면서 백화점의 권력은 약해졌습니다. 백화점이 강요하는 브랜드나 유행을 소비 '당했던' 소비자들이 이제 그것을 거부하고 해외에서 직접 구매를 하거나 한발 더 나아가 직접 브랜드를 만들어 SNS를 통해 직접 판매에 나서고 있는 것입니다. 미디어도 마찬가지죠. 과거에는 KBS, MBC 같은 공영방송을 수동적으로 보기만 했던 시청자들이 이제는 직접 콘텐츠를 제작해 유튜브를 통해 실시간으로 방송을 내보냅니다. 이들 중에는 연예인 못지않은 인기를 누리는 이들도 많습니다. 이처럼 플랫폼에서 물건을 팔거나 콘텐츠를 제작하는 프로슈머 하나하나가 모두 스몰브랜드입니다. 지금은 스몰브랜드 전성시대라고 해도 과언이 아닙니다.

건축가와
부동산 디벨로퍼

그렇다면 과연 플랫폼 비즈니스란 온라인상에서만 할 수 있는 사업일까요? 이에 대한 답을 얻기까지 오랜 시간이 걸린 것은 아니지만, 꽤 오랫동안 경험을 쌓아야 했습니다. 그 답은 아주 우연한 곳에서 시작되었습니다.

대학원에 진학한 후 저의 재능을 잘 봐준 교수님 덕분에 미국 샌프란시스코에 있는 설계사무소에서 일할 수 있는 기회가 있었습니다. 1년 남짓한 미국에서의 생활은 저의 진로를 바꾸는 중요한 계기가 되었죠. 건축이란 나의 집을 짓는 게 아닌 이상, 누가 원하는 것을 대신 그려주고 만들어주는 일입니다. 관심이 있어서 시작한 공부이지만, 막상 사회에 나가 그 일을 직접 해보니 재미가 없었습니다. 저는 누군가의 생각을 대신 표현해주는 사람이 아니라 내가 원하는 것을 직접 기획하고 만드는 것을 좋아하는 사람이었던 것입니다. 그래서 미국의 설계사무소를 그만두고 한국으로 돌아와 선택한 직업이 부동산 디벨로퍼[22]였습니다. 생소한 직업이라고 생각할 수도 있겠지만, 이름만 대면 알 수 있는 디벨로퍼가 있습니다. 바로 뉴욕 트럼프타워의 소유주인 미 대통령 도널드 트럼프(Donald Trump)와 만화가로 유명한 월트디즈니(Walt Disney) 등이 디벨로퍼 1세대로 꼽히죠.

　디벨로퍼는 땅 매입부터 그 공간을 어떻게 사용할지 기획하고 설계하며, 마케팅까지 총괄하기 때문에 로컬과 가깝게 밀착해 있습니다. 단순히 디자인을 하고, 집을 짓고, 건물을 올리는 것이 아니라 건물에 살 사람들이 어떤 목표를 가지고 있고, 무엇을 원하고, 어떤 것을 할 것인지 여러 가지를 고려하는 것이 디벨로퍼가 하는 일이죠. 건축가는 건축이라는 한쪽 섹터만 바라보지만, 디벨로퍼는 좀 더 포괄적으로 많은 것을 망라하는 직업입니다. 저는 부동산 디벨로퍼로서 10여 년간 일하면서 공간에 대한 많은 고민을 할 수 있었습니다.

　제가 수많은 사업 중에서도 공간 플랫폼에 매력을 느끼게 된 데는 계기가 있습니다. 샌프란시스코의 페리터미널에 가면 현지인이 좋아하는 카페와 식당, 과일 전문점 등을 모아놓은 마켓이 있습니다. 그곳 분위기가 너무 좋아 미국에 있을 때 휴일만 되면 그곳을 찾아가 몇 시간씩 머물러 있곤 했습니다. 당시 한국에도 서울 파이낸스센터 지하에 프리미엄 아케이드식 푸드몰이 있었지만, 그곳에 입점한 가게의 메뉴는 지나치게 값이 비싸 그 건물에서 일하는 직장인들은 점심시간만 되

---

22 디벨로퍼(developer): 땅 매입부터 기획, 설계, 마케팅, 사후관리까지 총괄하는 부동산 관련 개발사업자

샌프란시스코 페리터미널

면 모두 밖으로 나가버리더군요. 그 장면을 보며 직장인들이 부담 없이 갈 수 있는 공간을 샌프란시스코의 페리터미널처럼 세련되게 만들면 분명히 잘될 것이라고 생각했습니다. 다행인지 불행인지 당시에는 아무도 제 말에 귀를 기울여주지 않았습니다. 샌프란시스코에서의 경험은 제게 일종의 영감을 주었고, 이 영감은 후에 제가 OTD라는 공간 플랫폼 비즈니스 회사를 세우게 된 계기가 되었습니다.

공간 플랫폼 비즈니스의
매력

OTD가 접근하는 공간 플랫폼 비즈니스는 기존 사업과는 전혀 다른 방식입니다. 기존의 콘텐츠 사업은 브랜드를 만들고 그것을 확장하는 방식입니다. 예를 들어 스타벅스 1호점을 만들고, 반응이 좋으면 2호점을 만들고, 3호점을 만들면서 점포를 확장해 나가는 방식이죠. 저는 이것과 완전히 반대되는 개념을 생각했습니다. 먼저 공간을 찾고, 그 공간에 맞는 콘텐츠를 발굴하거나 만들어내는 것이죠.

이런 공간 플랫폼 비즈니스가 매력적이라고 생각했던 이유는 우리나라의 콘텐츠 소비 주기가 아주 빨라지고 있기 때문입니다. 슈니발렌이라고 하는 망치로 깨먹는 독일의 전통과자를 기억할 겁니다. 이 디저트가 한때 우리나라에서 유행했던 적이 있습니다. 그런데 얼마 지나지 않아 인기가 시들어버렸죠. 이처럼 우리나라에서는 지나치다 싶을 정도로 트렌드가 빨리 바뀝니다.

이런 상황에서 기존의 콘텐츠 사업처럼 하나의 공간에 하나의 고정된 콘텐츠를 넣으면 어떻게 될까요? 단기간에 활성화시킬 수는 있겠지만 장기적으로는 무리가 따릅니다. 지금 소비자들의 입맛에 맞추기 위해서는 공간에 계속 변화를 주어야 합니다. 그런데 스타벅스가 6개월, 1년 만에 콘텐츠를 완전히 바꿀 수 있을까요? 절대 불가능한 일입니다. 그렇다면 '처음부터 공간을 쪼개버리면 어떨까' 생각한 거죠. 이 생각의 확대가 오프라인상의 플랫폼 비즈니스입니다. 플랫폼 비즈니스를 오프라인상의 공간에 적용하면 소비자의 욕구에 걸맞은 공간이 탄생 가능하다고 생각한 것입니다.

OTD는 플랫폼(공간)을 설계하고, 운영하고, 업그레이드만 담당합니다. 나머지 특색 있고 개성 넘치는 브랜드(생산자)와 소비자가 모여 거래를 하는 것이죠. OTD는 색다른 경험을 원하는 소비자에게 외면

당하는 브랜드 대신 다른 브랜드를 교체·관리·업그레이드하는 기능만 담당합니다. 이것이 오프라인상의 공간 플랫폼 비즈니스 개념입니다. 물론 이런 방식에는 빅브랜드보다는 스몰브랜드가 어울릴 수밖에 없습니다.

저는 모두가 온라인에 주목하는 시대에도 여전히 오프라인 공간의 힘을 믿습니다. 공간은 모든 사람을 잇고, 경험에 색채를 더하기 때문이죠. 현대의 소비시장 주체는 생산자가 아닌 소비자 위주로 움직이고 있습니다. 플랫폼 비즈니스에서 생산자와 소비자는 구분되지 않습니다. 누구나 생산자가 되어 판매에 참여할 수 있습니다. 이때 중요한 것은 내용, 바로 콘텐츠입니다. 예전에는 작은 회사가 리테일 공간에 콘텐츠를 기획해서 넣는다는 것이 사실상 불가능했습니다. 백화점처럼 어마어마한 자본이 있어야만 좋은 콘텐츠를 채울 수 있었습니다. 하지만 이제 우리는 자발적인 작은 생산자들을 묶어서 관리·운영하는 것만으로도 매력 있는 공간을 만들 수 있는, 굉장히 의미 있는 시대에 살고 있습니다.

OTD가 접근하는 공간 플랫폼 비즈니스는 기존 사업과는 전혀 다른 방식이다.
먼저 공간을 찾고, 그 공간에 맞는 콘텐츠를 발굴하거나 만들어내는 것.
사진은 아크앤북 시청점

6

공간의 변화,
선택이 아닌 생존 전략

아모레성수(위)와 연남동 커피랩로스터스(아래)

Transformation

단순히 물건만 보고 사는 일차원적인 기능에 머물러서는 소비자들이 오프라인 공간에 대한 가치를 느끼지 못합니다. 이제 공간의 변화는 선택이 아니라 생존 전략입니다. 변화를 어떤 관점으로 보고 다루어야 할지가 중요한 시대인 것입니다.

스티브 잡스가 아이폰을 세상에 선보인 지 10여년이 지났습니다. 당시 미래 혁신을 위한 방식으로 손꼽히던 융·복합은 여전히 창조적 발상의 화두죠. 그 영역은 더욱 확장되고 깊어져 공간에도 융·복합이 필요한 시기에 이르렀습니다. 기술이 진일보하면서 소비자의 인식이 바뀌고, 공간은 경계를 허물며 새로운 모습으로 조립되면서 물리적 재조립을 넘어 경험이라는 새로운 가치와 서비스를 담고 있습니다.

기술의 발전은 소비자들이 손에 든 모바일 기기를 통해서도 편리하게 소비할 수 있도록 만들었지만, 그 공간이 어디에 있든 찾아갈 수 있는 스마트함도 함께 제공하고 있죠. 사실 이제 공간이 어느 곳에 위치하는지는 그다지 중요하지 않아졌습니다. 소비지형을 완전히 바꾼 '맵'과 'SNS'가 있기 때문입니다.

공간의 위치보다는
콘텐츠

비주류였던 지역이 주류가 되는 데에는 여러 가지 요소가 있겠지만, 가장 중요한 것은 스마트폰입니다. 그중에서도 'SNS'와 '맵'의 역할이 지대합니다.

과거에는 콘텐츠와 장소 두 가지의 선택지가 있다면 콘텐츠보다는 장소, 즉 로케이션에 대한 중요성이 압도적이었습니다. 콘텐츠가 아무리 좋아도 찾아가는 것 자체가 일이었기 때문이죠. 강남이나 압구정, 명동처럼 시내가 아니면 만날 만한 곳도 마땅치 않았지만, 길도 헤매기 십상이었습니다. 하지만 지금은 구글맵이나 다음맵, 네이버맵 같은 앱이 있습니다. 스마트폰의 맵을 이용하면 길치나 방향치인 사람도 장소를 찾아가는 것이 어렵지 않습니다. 세세히 설명하지 않아도 알아서 약속 장소에서 바로 만날 수 있는 거죠.

또 한 가지, SNS가 있습니다. SNS를 통해 좋은 콘텐츠를 쉽게 찾을 수 있고, 정보도 쉽게 공유할 수 있게 되었습니다. 이제는 장소보다 콘텐츠가 중요해졌고, 콘텐츠가 좋다면 사람들은 그곳이 어디든 상관없이 찾아갑니다. 상대적으로 저평가된 지역에 콘텐츠가 몰리는 것도 이런 맥락이지요. 창업자들은 굳이 비싼 임대료를 내고 도시 중심지에 가게를 낼 이유가 없어졌습니다. 사람들의 왕래가 많지 않은 한적한 곳에 빵집을 내면 이름을 알리는 데 시간이 걸릴지는 몰라도 맛과 질, 가격, 인테리어 같은 콘텐츠가 좋으면 어느 순간 1~2시간씩 줄을 서서 기다리는 명소가 될 수 있습니다. 앞으로는 이런 일이 훨씬 더 많이 일어날 것입니다.

오프라인 매장은 이제 가격 경쟁에서는 온라인 매장을 따라잡을 수 없게 되었습니다. 그러나 오프라인 매장은 온라인 매장이 가질 수 없는, 직접 보고, 만지고, 체험할 수 있는 인간의 기본적인 욕구를 충족할 수 있는 공간입니다. 이런 소비자들의 욕구를 대변하듯 최근에는 상점이 단순히 물건을 파는 곳이 아니라 콘텐츠를 체험해볼 수 있는 공간으로 바뀌어가고 있습니다. 이는 대기업도 예외는 아닙니다. 기존과 같은 방식으로는 소비자를 붙잡을 수 없게 되면서 다양한 변화를 시도하고 있습니다. 대형 할인매장 이마트는 2019년 말부터 체험형 공간을 30~40% 정도 늘렸습니다. 기존 매장의 완구코너 대신 '재미가 가득한 장난감 왕국'이라는 콘셉트의 체험형 완구매장인 토이킹덤 콘텐츠를 들여오고, 가전코너 대신 체험형 가전 전문점인 일렉트로마트를 숍인숍 형태로 운영하고 있습니다.

창사 70주년이 넘은 아모레퍼시픽도 젊은 이미지 브랜딩이 필요해지면서 성수동의 자동차 정비소를 개조해 대규모 뷰티 체험공간인 '아모레성수'를 열었습니다. 이곳의 특징은 제품을 팔지 않는다는 점입니다. 그저 제품 체험과 메이크업 아티스트의 멘토링과 터칭서비스, 플라워&포토클래스 등 다양한 뷰티 경험 기회만을 제공합니다. 아모레성수는 물건을 팔지 않고 별도로 홍보 마케팅을 하지 않았어도, SNS를 통해 입소문을 타며 '찾아가는' 공간이 되었습니다.

융·복합을 시도하는
대기업들

공간의 융·복합과 관련해서 재미있는 사례가 있어 소개합니다. 미국의 콜스(Kohl's)는 고품질의 물건을 판매하는 백화점과 저렴한 가격의 할인매장의 장점을 취하며 미국 중산층에게 큰 인기를 끌었던 백화점 체인입니다. 그러나 소비시장의 트렌드가 바뀌고 세월이 흐르면서 백화점의 주 고객층 나이도 따라 올라가면서 '엄마들의 백화점'이라는 인식이 생기기 시작했습니다. 게다가 세계 최대 온라인 쇼핑몰인 아마존의 거침없는 기세와 젊은 층 소비자의 외면이 겹치면서 콜스의 성장세는 2012년부터 꺾이기 시작합니다. 콜스는 이를 극복하고자 약 30억 달러(3조 5,000억 원)를 들여 오프라인에서 쓴 만큼 온라인에서 쓸 수 있는 포인트 제도를 도입하기도 하고, 온라인에서 물건을 사서 매

'아마존 리턴 서비스'를 시행해 젊은 층을 유입한 콜스(Kohl's)

장에서 픽업할 수 있는 서비스를 운영하기도 했지만, 효과는 잠시뿐 매출은 계속 내리막길을 걸었습니다.

살아남을 방법을 고민하던 콜스는 2019년 과감한 결정을 내립니다. 2017년부터 일부 매장에서 시범 운영 중이던 '아마존 리턴 서비스'를 미국 내 모든 콜스 매장에서 실시하기로 한 것입니다. 아마존 리턴 서비스란 아마존에서 산 제품을 반품 사유도 묻지 않고, 비용도 받지 않고, 원래 택배상자나 포장재가 없어도 물건을 가져다주면 콜스가 포장해서 소비자 대신 아마존에 전해주는 서비스를 말합니다. 게다가 콜스는 백화점 내에 아마존 물건을 반품하는 전용 주차장을 만들고, 콜스 매장에서 사용할 수 있는 25% 할인쿠폰까지 제공했습니다.

이러한 시도는 미국에만 1억 명이 넘는, 구매력 있는 젊은 층의 소비자를 콜스로 유입하는 효과를 가지고 왔습니다. 반품하러 콜스에 들른 김에 쇼핑까지 하게 된 것이죠. 또 콜스는 백화점 내 매출이 높지 않은 브랜드를 빼고 대신 아마존 전용 코너를 넣고, 초저가 식료품점 '알디'와 헬스장 '플래닛 피트니스' 등에 공간을 임대했습니다. 마치 공유 오피스인 위워크처럼 공간을 공유하는 것이죠. 이러한 시도는 콜스에 젊은 활력을 불어넣고, 연매출 10% 성장이라는 효과를 낳았습니다.

다른 분야에 비해 변화가 느린 호텔도 눈여겨볼 만합니다. 본래 호텔은 고유의 가치가 워낙 단단하기 때문에 바꿀 이유가 없습니다. 그런데 에어비앤비의 등장으로 매출에 위협을 받자 오랫동안 꿈적하지 않던 호텔도 이전에 없던 변화를 시도하기 시작했습니다. 대표적인 예가 세계 최고 호텔 체인인 메리어트 인터내셔널의 변화입니다. 2019년 메리어트는 미국과 유럽, 카리브해, 남미 등에서 '홈스&빌라(Homes&Villas)' 서비스를 시작했는데요. 홈스&빌라란 캘리포니아 와인 산지의 별장부터 개인 호수를 갖춘 18세기 아일랜드 성까지 전 세계 최고급 주택 2,000여 곳을 호텔 사이트에서 예약할 수 있는 숙박 공유사업입니다. 에어비앤비와 같은 성격이죠. 반대로 매초마다 전 세계에서 6명이 체크인한다는 에어비앤비도 영역 확장을 위해 호텔업계로 진출했습니다. 이처럼 양쪽은 상대의 가장 좋은 요소 중 일부를 가지고 와서 융·복합을 시도하고 있습니다.

차별성이라는
체험이 주는 즐거움

우리가 일상에서 가장 쉽게 접하는 카페에서도 공간의 파괴, 융·복합 현상은 일어나고 있습니다. 카페 하면 우리가 가장 먼저 떠올리는 것은 스타벅스처럼 넓고 쾌적한 인테리어의 장소, 혹은 볕이 잘 드는 소담한 공간일 것입니다. 우리가 생각하는 카페는 의자에 앉아서 편하게 담소를 나누는 공간이니까요.

그런데 연남동의 '커피냅로스터스'라는 카페에는 테이블과 의자가 없습니다. 대신 카페 바닥이 나지막한 붉은 벽돌 언덕으로 만들어져 있습니다. 일부러 그렇게 인테리어를 한 것입니다. 이곳을 찾은 소비자들은 편하게 의자에 앉아 대화를 나누는 대신 다소 불편하더라도 벽돌 언덕 아무 데나 앉아 커피를 마시는 새로운 체험을 합니다. 다른 곳에서는 할 수 없는 체험을 하는 것이 이곳의 차별성이죠. 그리고 이런 경험은 맛있는 커피를 포함해 다른 즐거움을 배가시키는 장치로 이용됩니다.

과거 소비자들은 편하게 앉아 커피를 마실 수 있는 곳을 좋은 카페라고 여겼지만, 이제 이런 공간 개념은 소비자의 고정관념을 깨트리며 완전히 역행하고 있습니다. 그리고 색다른 경험은 소비자의 뇌리 속에 각인되어 특별한 기억으로 남게 됩니다.

공간은 브랜드의 콘셉트와 정체성을 전달하는 곳으로 진화했습니다. 상품 판매가 주목적이던 공간은 언제부터인가 경험과 체험을 위한 곳으로 바뀌고 있으며, 공간의 주인공은 상품에서 사람으로 바뀌고 있습니다. 복합쇼핑몰도 80%까지 차지하던 유통시설 비중을 60%로 줄이고 나머지 40%는 체험 공간으로 채워 넣고 있습니다. 사람을 불러모으기 위해 전시, 공연, 교육 등 감성을 자극하는 체험을 더해 소비자들이 공간에 체류할 수 있는 시간을 늘리는 것입니다. 이처럼 유통 매장 공간의 정의도 '판매'에서 '체험'으로 확대되고 있습니다.

단순히 물건만 보고 사는 일차원적인 기능에 머물러서는 소비자들이 오프라인 공간에 대한 가치를 느끼지 못합니다. 이제 공간의 변화는 선택이 아니라 생존 전략입니다. 변화를 어떤 관점으로 보고 다루어야 할지가 중요한 시대인 것입니다.

PART.2

7

프레임을 벗어나라

공연장을 개조해 서점으로 재구성한 아크앤북 신촌점
중앙서가 매대에 바퀴를 달아 가변적으로 공간을 활용할 수 있게 했다.

Frame

공간의 위치, 인테리어 모두 틀에 박혀 있어서는 안 됩니다. 소비자들이
OTD에 관심을 가지는 이유는 비주류이며, 평범하지 않아 별나다고 느끼
지만, 그런 별종 같은 공간이 재미를 주기 때문입니다. 틀에 박힌 공간은
이제 소비자의 흥미를 끌지 못합니다.

앞에서 SNS에서 대박을 친 요괴라면을 소개했습니다. 아무리 색다르다고 하지만, 그저 라면일 뿐인데 왜 사람들은 요괴라면에 그토록 열광했을까요? 요리는 좋은 재료, 좋은 레시피도 중요하지만, 길들여진 입맛도 무시하지 못합니다. 외국인이 매운 것을 잘 못 먹는 건 매운 걸 많이 먹지 않아서이고, 우리나라 사람들이 매운 것을 잘 먹는 건 평소 고추와 고추장, 고춧가루 등으로 만든 매운 음식에 길들여져 있기 때문입니다. 이런 입맛은 하루아침에 바꿀 수 없습니다. 기존의 라면을 이길 방법이 없는 것이죠. 소비자들은 입맛에 익숙한 신라면과 짜파게티를 습관적으로 삽니다. 이것이 신제품이 라면 시장에 안착하기 어려운 이유이죠.

그런데 왜 익숙한 입맛을 거슬러 요괴라면을 사는 것일까요? 이유는 간단합니다. "나, 요괴라면 먹어요"라고 SNS에 자랑할 수 있기 때문입니다. 신라면과 짜파게티를 끓여 먹으면서 SNS에 올릴 수는 없지만, 요괴라면은 다릅니다. 다시 말해 실제 먹기 위해 사는 라면도 있지만, SNS에 후기를 올리는 용도로 사는 라면도 있다는 것입니다. 즉, 요괴라면은 일반 라면과는 전혀 다른 관점에서 만들어진 제품입니다. 이는 공간에서도 주목해야 할 지점입니다.

TPO에 따른

가변적 공간의 탄생

공간에 대한 프레임에서도 벗어날 필요가 있습니다. 우리는 은연중에 하나의 브랜드는 똑같은 인테리어로 디자인되어 있을 거라고 생각합니다. 스타벅스라고 하면 스타벅스만의 고유한 인테리어가 있는 것처럼 말이죠. 하지만 이 역시 고정관념입니다. 아크앤북은 지점마다 그 지역, 장소에 맞게 인테리어를 합니다. 예를 들어 신촌의 현대 유플렉스 12층에 있는 아크앤북은 '가변적' 공간입니다. 이곳은 본래 백화점이 공연장으로 쓰던 공간으로 공연이 없을 때는 방치해두던 곳이었습니다. 이 공간을 좀 더 효율적으로 사용하고 싶어 했던 백화점은 OTD에 공간 기획을 의뢰했고, 그렇게 해서 만들어진 것이 가변적 아크앤북입니다.

이곳이 일반 서점과 다른 점은 매대에 모두 바퀴가 달려 있다는 것입니다. 평소 이 공간은 서점입니다. 일종의 '팝업 서점'이죠. 그러나 공연이 있는 기간에는 공연장으로 변신합니다. 이때는 공간을 비워야 하기 때문에 매대에 바퀴를 달았고, 공연장의 필수 장치인 무대도 남겨두었습니다. 이런 가변적인 공간을 소비자들은 재미있어 합니다.

기존의 대형서점은 어디를 가도 똑같지만, 아크앤북은 지점마다 찾아가는 재미가 있습니다. 그 때문에 OTD 마니아까지 생겨났을 정도입니다. OTD가 기획한 공간에서 새로운 재미를 발견하는 것이죠.

기존의
틀을 깨부수다

OTD가 기획한 도시재생시설인 '성수연방'을 보면 사람들이 얼마나 고정관념에 사로잡혀 있었는지 알 수 있습니다. 성수연방은 본래 OTD의 본사 사무실로 쓸 건물을 알아보다 발견한 공간입니다. 과거 화학공장의 물류창고로 쓰였던 이곳은 양쪽 건물 사이로 널찍한 중정

도쿄 다이칸야마의 복합상업시설 '테노하'

(中庭)이 있어 도쿄 다이칸야마의 복합상업시설인 '테노하'를 연상케 했습니다. 건물의 구조 자체가 마음에 들었던 저는 본사 건물 찾는 일을 잠시 미뤄두고 복합문화공간을 기획하기 시작했습니다. 기존 성수동과 다른 방향으로 가고 싶었던 저는 1층 대신 3층에 루프탑 개념으로 카페를 배치했습니다. 그런데 입지 조건이 나쁘다며 카페를 하겠다고 나서는 이가 없어 어쩔 수 없이 OTD에서 직접 카페를 운영하기로 하고, '성수동다운' 인테리어를 고민하기 시작했습니다. 인건비가 저렴하던 시절 성수동에서는 붉은 벽돌과 박공지붕[23]을 씌워 저렴하게 지은 건물이 많았습니다. 이는 성수동의 지역적 특색이었죠. 성수연방도 이런 특징을 살려 붉은 벽돌로 마감하고, 3층 카페의 유리지붕도 박공 형태로 디자인했습니다. 이렇게 만들어진 카페 '천상가옥'은 밀려

___
23 책을 엎어놓은 모양의 지붕 형식. 가장 간단한 지붕 건축 양식이다.

드는 사람들로 항상 북적이는 카페가 되었습니다.

공간의 위치, 인테리어 모두 틀에 박혀 있어서는 안 됩니다. 소비자들이 OTD에 관심을 가지는 이유는 비주류이며, 평범하지 않아 별나다고 느끼지만, 그런 별종 같은 공간이 재미를 주기 때문입니다. 틀에 박힌 공간은 이제 소비자의 흥미를 끌지 못합니다.

공간을 채우는 것은
사람

2014년 OTD가 맛집 편집숍인 '오버더디쉬(Over the Dish)'로 대박을 터트리고 난 후 어느 정도 지나자 콘셉트를 똑같이 카피한 공간이 많이 생겨나기 시작했습니다. 당연한 일이지만, 사람들은 더 이상 셀렉트 다이닝숍을 신선하게 생각하지 않게 되었고, 오버더디쉬만의 특별함은 사라져 버렸습니다. 이는 오버더디쉬만의 문제가 아니라 가게를 운영하는 모든 이들의 고민일 것입니다. 저 역시 사람들이 많이 모일 수 있는 매력적인 콘텐츠는 무엇일까, 항상 고민합니다.

우리나라 사람들은 프레임에 많이 갇혀 있습니다. 미국에서는 카페에서 엎드려 자는 사람이 많습니다. 하지만 이상하게 생각하지 않습니다. 그런데 우리나라는 어떤가요? 오픈되어 있는 공공장소에서 엎드려 자는 것을 창피하게 생각합니다. 스타벅스 같은 카페조차 독서실로 만들어버리는 것이 우리나라 사람들이죠.

서점에 대해 조사하러 다닐 때 종로에 있는 한 서점에 갔더니 자는 사람을 깨우러 다니는 직원이 있었습니다. 왜 깨우느냐고 묻자 자는

성수연방 3층에 위치한 카페 천상가옥

사람이 많으면 미관상 좋지 않고, 서점 분위기가 망가지기 때문이라고 하더군요. 그런데 저는 이 현상이 정말 재미있었습니다. 카페에서도 제대로 쉬지 못하는 사람들이 서점에서 잠을 자다니요.

우리나라 사람들은 시간을 낭비하면 안 된다는 강박관념에 사로잡혀 있습니다. 그런데 서점에서 머무는 시간은 낭비라고 생각하지 않습니다. 데이트도 서점에서 하고, 작가들을 만날 수 있는 북토크에 돈을 내고 참여하죠. 다른 사람들이 공부할 때 자신도 자기계발을 하고, 지식을 쌓는다는 데 일종의 안도감을 느끼는 것 같습니다. 이런 마음 때문에 서점에서 편하게 잠드는 것이죠. 조사를 통해 소비자들의 이런 점을 발견한 저는 과감하게 아크앤북을 기획하게 되었습니다.

저는 창업을 꿈꾸는 사람이라면 프레임에서 자유로워질 필요가 있다고 생각합니다. 그리고 프레임이 아니라 사람에 더 집중해야 한다고 믿습니다. 결국 공간은 사람이 채우는 것입니다. 과거에는 공간을 디자인할 때 사람을 고려하지 않았지만, 이제는 공간에 들어올 사람이 어떤 취미를 가지고 있는지, 무엇을 하기 원하는지, 어떤 라이프스타일을 가지고 있는지가 중요합니다. 어떤 사람이 체류하면서 어떤 모습으로 공간을 채워나갈지가 중요한 것입니다. 이런 현상은 더 강해질 것이고, 이에 대한 고민에서 프레임은 깨질 수 있습니다.

8

**사람이 중심이 되면
디자인이 달라진다**

아크앤북 시청점

Design

공간을 기획할 때 중요한 것은 사람입니다. 현대인이 지니고 있는 기본적인 욕구와 관점으로 공간을 재발견해야 합니다. 누가 그 공간을 사용할 것인지, 무엇을 하고 싶은지, 무엇을 할 것인지 고민해야 합니다. 사람을 제외하고, 단순히 아름답기만 하거나 기능만이 살아 있는 공간은 이제 의미가 없습니다. 인간의 욕구를 이해하고, 인간의 행동을 상상하고, 그 행동이 빚어낼 것을 생각하다 보면 특별한 공간이 조금씩 보이기 시작할 것입니다.

2019년 OTD에는 연달아 기쁜 소식이 있었습니다. 디자인 분야에 있어서 세계적으로 경쟁력이 있고 공신력을 얻고 있는 디자인상에서 잇따라 수상의 영예를 안은 것입니다. 국제 공모전 'TDC 어워드'[24]에서는 기업 아이덴티티 'OTD/Next'가 '아이덴티티 분야 전문가 부문(Certificate of Typographic Excellence)'에서 수상했는데, 이는 기업 아이덴티티로는 국내에서 유일한 수상입니다. OTD에서 외부 디자인 에이전시에 의뢰하지 않고 직접 만든 'OTD/Next'는 지난 1975년에 미술가 피터 슈미트와 음악가 브라이언 이노가 발표한 작품 '우회 전략(Oblique Strategies)'에서 영감을 받아 만든 타이포그래피입니다.

'2019 레드닷 디자인 어워드'[25]에서는 브랜드&커뮤니케이션 디자인 부문에서 본상을 수상했습니다. 상을 받은 제품은 라이프스타일 브랜드인 '신생활'의 뷰티·프라그런스 라인 제품 패키지 디자인으로 제품의 주성분인 에센셜 오일, 소이 왁스 등 원재료를 강조하기 위해 직관적으로 표현한 무채색의 스톤 텍스처와 볼드한 타이포그래피 등이 국제 전문가들로부터 높은 점수를 받았습니다.

또 '아크앤북'과 '적당'이 세계적으로 명성 있는 디자인상인 'iF 디자인 어워드'[26]에서 각각 '커뮤니케이션(Communication)'과 '패키징

---

24 타이포그래피의 독창성과 우수성을 알리는 동시에 발전을 도모하고자 지난 1946년 뉴욕 맨해튼에서 창설된 국제 타이포그래피 협회인 TDC New York에서 진행하는 세계적 권위와 명성을 지닌 디자인 어워드다.

25 1955년부터 독일 노르트하임 베스트팔렌 디자인센터가 주관하는 상으로 'iF 어워드', 'IDEA'와 함께 세계 3대 디자인 어워드 중 하나로 손꼽힌다.

26 세계에서 가장 오랜 역사를 지닌 독립 디자인 기관인 'iF 인터내셔널 포럼 디자인에서 매년 최고의 디자인 결과물에 iF 디자인 어워드를 수여하고 있다.

'(Packaging)' 부문에서 수상작으로 선정됐습니다. 아크앤북은 그 자체로 구조체인 동시에 아름다운 형태를 갖추고 있는 아치(Arch)를 '관계'와 '연결'의 의미를 담은 공간 디자인으로 풀어낸 점에서 '브랜딩&스페이스(Branding and Space)' 분야에서 높은 평가를 받았으며, 적당은 양갱이 만들어지는 과정을 따뜻한 색감과 동양적인 선 배치로 표현해 내며 뛰어난 '푸드 패키징(Food Packaging)'으로 호평을 얻었습니다.

오늘날 디자인은 정말 중요한 요소입니다. 눈이 높아진 소비자의 취향을 맞추기 위해, 디자인은 공간을 꾸밀 때에도 빼놓을 수 없게 되었습니다. 그렇다면 과연 디자인은 어떻게 접근해야 할까요?

'2019 레드닷 디자인 어워드'에서 브랜드 & 커뮤니케이션 디자인 부문 본상 수상 '신생활'(상단 왼쪽)
'TDC어워드'에서 아이덴티티 분야 전문가 부문 수상 'OTD CI'(상단 오른쪽)
독일 'IF 디자인어워드2020'에서 커뮤니케이션과 패키징 부문 수상 '아크앤북'과 '적당'(하단)

물체가 아니라
사람을 본 천재들

건축가 중 르 코르뷔지에(Le Corbusier, 1887~1965)라는 거장이 있습니다. 스위스 태생의 프랑스 건축가인 르 코르뷔지에가 현대 건축에 끼친 영향은 막대하죠. 그는 단순히 아름다운 건축물만을 만들어낸 건축가가 아니라 기존의 건축에 대한 고정관념을 깨고 근대건축에 대한 새로운 정의와 5대 규율이라는 개념을 만들어낸 선구자로 '근대 건축의 아버지'라고도 불립니다. 도미노 구조, 공간 절약형 주거 건축법, 대단위 주거지 창안, 인체공학적인 모듈러 이론 등 현대 건축에 이용되는 건축의 5원칙이 바로 르 코르뷔지에에게서 나왔으니까요.

르 코르뷔지에의 업적은 규칙을 만들어냈다는 것이 아닙니다. 그가 '인간을 위한' 건축을 했다는 점입니다. 르 코르뷔지에는 집을 "인간이 살기 위한 기계"라고 표현한 바 있습니다. 이 말은 집이란 인간에게 쾌적한 공간을 제공하기 위해 빈틈없이 맞물려 돌아가는 세심한 기계처럼 만들어져야 하며, 인간이 살기에 가장 효율적으로 지어져야 한다는 의미입니다.

르 코르뷔지에는 집이 외관상으로 멋있어 보이는 건축물이 아니라 실제로 그곳에 사는 사람이 편해야 한다는 신념을 가지고 있었습니다. 이러한 르 코르뷔지에의 신념은 당시 보수적인 건축가들로부터 많은 비난을 받았지만, 그는 결코 뜻을 굽히지 않았고 혁신적이면서 합리적인 설계와 시대를 앞서나가는 이론으로 건축사에 큰 족적을 남긴 인물이 되었습니다.

이전에는 단순히 사람이 기거하는 곳이었던 집이 르 코르뷔지에 이

르 코르뷔지에가 설계한 주택 중에서 가장 사랑받는 빌라 샤보아(Villa Savoye, 1929)
파리 푸아시에 있다.

후로는 '더 많은 사람이 더 효율적인 공간에서 함께 살 수 있는 곳'으로 개념이 바뀌게 됩니다. 르 코르뷔지에가 디자인한 집이나 그림을 보면 현대 건축의 규범을 설정한 건축가임에도 불구하고 디자인 베이스는 하나하나의 포인트마다 어떻게 사람이 그 공간을 채울 것인지에 대한 고민으로 가득합니다.

스티브 잡스도 마찬가지입니다. 스마트폰은 애플이 출시한 아이폰 이전에도 있었지만, 진정한 스마트폰은 아이폰으로 평가받죠. 거기에는 다양한 이유가 있겠지만, 저는 다양한 기능과 더불어 아이폰이 소비자를 고려한 디자인을 했기 때문이라고 봅니다. 아이폰의 메인 화면에 있는 앱 디자인만 보아도 거기에 사람이 깃들어 있다는 것을 알 수 있습니다. 단적인 예가 알람앱입니다. 앱의 디자인은 어떤 기능을 하는지 알 수 있으면 됩니다. 그런데 굳이 시침, 분침, 초침이 들어 있습니다. 메모장 앱도 마찬가지입니다. 미국 사람들이 가장 많이 쓰는 리갈 패드와 똑같은 모양입니다. 이는 사람들에게 가장 익숙하고, 무의식적으로 친근함을 느낄 수 있는 디자인을 채택하고 있음을 의미합니다.

세계 3대 디자이너 중 한 명인 카림 라시드(Karim Rashid, 1960~)가 코닥과 합작해 만든 DSLR(Digital Single Lens Reflex) 카메라를 보면 디지털 방식의 기계임에도 아날로그 시대의 디자인을 그대로 가져왔습니다. 저는 이런 디자인이 아무도 경험해보지 못한 새로운 시대를 맞아 어떻게 변화해야 할지 혼란스러운 시점에서, 그 기준점이 결국 인간이 되어야 함을 보여주는 좋은 사례라고 봅니다.

카림 라시드는 '왜 디자인이 존재하는가'라는 근원적인 질문에 충실한 디자이너입니다. 그는 "제품과 디자인은 비즈니스다. 하지만 디자인이야말로 아름다움의 비즈니스이며 문화를 만드는 일이라고 나는 굳게 믿는다"고 말합니다. 그가 디자인한 제품을 보면 보편적인 과거의 디자인에 얽매이지 않고 계속해서 새로운 기능, 시각적인 요소를 담고 있습니다. 그럼에도 그의 디자인이 대중적으로 사랑받는 이유는, 디자인은 사람들이 아름다움을 느낄 수 있어야 하며 이는 일종의 문화라고 생각하기 때문입니다.

사람 중심의
디자인

너무 유명해서 인식하지 못할 수도 있지만, 디자인에 관심이 없는 사람이라도 에펠탑을 보면 파리의 고풍스러운 풍경 속에서 왜 미학적으로 뛰어나지도 않은 철골 구조물을 도심 중앙에 세웠는지 한번쯤은 의아하게 생각했을 것입니다.

에펠탑은 프랑스혁명 100돌을 기념해 1889년 '파리 만국박람회(EXPO)' 때 세워졌습니다. 에펠탑이 철골 구조물로 만들어진 것은 철로 대표되는 산업사회가 찾아왔음을 상징적으로 표현하기 위함이었습니다. 당시 에펠탑의 높이는 약 300m로 1930년 크라이슬러 빌딩이 완공되기 전까지는 전 세계에서 가장 높은 건물이었으므로 프랑스의 자부심은 대단했습니다. 지금은 파리의 상징으로 여겨질 만큼 파리 시민과 관광객들에게 사랑받고 있는 건축물이지만, 에펠탑이 세워질 당시만 해도 흉물스럽다는 말을 많이 들었지요. 미학적으로나 건축적으로 수많은 반대를 받았습니다.

에펠탑의 설계자인 귀스타브 에펠. 에펠탑을 지을 때 예산의 상당 부분을
자신의 재산으로 충당했을 만큼 에펠탑에 애착을 가졌다고 한다.

　　뉴욕의 '자유의 여신상'의 골격을 설계하기도 한 프랑스의 위대한
건축가이자 구조 전문가인 귀스타브 에펠(Alexandre Gustave Eiffel,
1832~1923)은 시민들의 반감과 불안감이 너무 심하자 이를 어떻게
해결할 것인지 고민했습니다. 그 결과 실제 타워에 써야 할 철강 소재
를 3배 더 늘리고, 하단의 디자인을 아치형으로 만들었습니다. 철 재료
를 필요 이상으로 많이 쓴 이유는 탑이 앙상해 보이면 사람들이 구조
물을 더 어렵게 느낄 수 있을 것이라 생각한 배려였으며, 하단 디자인
을 아치형으로 만든 것은 돌을 쌓아서 만들 때 쓰는 구조를 도용한 것

이었습니다. 프랑스의 개선문처럼 아치형은 돌을 쌓아서 공간을 만들 때 쓰이는 구조 형태입니다. 자유자재로 휘는 철골 구조에서는 구태여 아치형으로 만들 필요가 없습니다. 그러나 에펠은 사람들에게 익숙한 형태의 디자인을 통해 거부감을 줄이고자 한 것이죠. 사람들에게 낯설 수밖에 없는 새로운 철골 구조물을 계획할 때 그가 가장 중요하게 생각했던 것은 사람이었던 것입니다. 만약 귀스타브 에펠이 사람을 고려하지 않고 단순히 건축 구조물로써 에펠탑을 디자인했다면 지금의 에펠탑과는 전혀 다른 구조물이 생겨났을지도 모릅니다.

공간을 기획할 때 중요한 것은 사람입니다. 현대인이 지니고 있는 기본적인 욕구와 관점으로 공간을 재발견해야 합니다. 누가 그 공간을 사용할 것인지, 무엇을 하고 싶은지, 무엇을 할 것인지 고민해야 합니다. 사람을 제외한 채, 단순히 아름답기만 하거나 기능만이 살아 있는 공간은 이제 의미가 없습니다. 인간의 욕구를 이해하고, 인간의 행동을 상상하고, 그 행동이 빚어낼 것을 생각하다 보면 특별한 공간이 조금씩 보이기 시작할 것입니다.

9

지극히 개인적인,
그러나 대중적인

차별성과 대중성을 동시에 추구하는 공간
성수연방 3층 카페 천상가옥

"취향과 기호는 개성적인 게 존재하지만, 대중성도 반드시 존재한다." – 발뮤다 창업자 테라오 겐

Popular

새로운 가치, 새로운 콘텐츠를 담는 것은 무척 중요한 일입니다. 그러나 지나치게 개인의 취향만을 강조하는 것은 위험합니다. 극히 일부의 마니아 취향으로 흐를 수 있기 때문입니다.

좋은 콘텐츠, 다른 곳에서는 만날 수 없는 차별적 요소를 브랜드에 심는 것도 중요하지만, 많은 사람이 공감할 수 있는 대중성도 겸비되어야 합니다. 대중성이 있느냐 없느냐를 판단하는 것은 사업을 하는 데 아주 중요한 역량입니다.

제주도에 '우무'라는 작은 푸딩 가게가 있습니다. 맛도 맛이지만, 우무는 푸딩 이외의 로고나 그림, 패키지 등이 상당히 감각적입니다. 그리고 이런 것들이 조화를 이뤄 우무만의 독특한 분위기를 자아냅니다. 소비자들은 아이템, 맛, 디자인, 분위기 등 모든 것을 총체적으로 느끼죠. 그리고 그 감각을 SNS에 올립니다. SNS에서 보이는 것은 시각적이고 단편적이지만, 이를 보고 직접 가본 사람들이 자신도 좋다고 느끼게 되면 또 다시 정보를 다른 사람과 공유하면서 소문은 퍼져나가기 시작합니다.

**미식 유목민,
'가스트로노마드'**

원한다면 개인의 취향을 얼마든지 공유할 수 있는 시대입니다. 그중 가장 대중적으로 넓게 공유할 수 있는 것은 단연 음식, 즉 '먹는 것'입니다. 19세기 말 미식 작가로 불렸던 샤를 몽슬레(Charles Monselet)

제주도에 위치한 푸딩 가게 '우무'

는 미식을 "어떠한 상황에서도, 어떠한 나이의 사람들이라도 모두 느
낄 수 있는 즐거움"이라 정의한 바 있죠.

먹는 것으로 자신의 정체성을 표현하고자 하는 시대의 특성은 '가
스트로노마드(gastro-nomad, 미식 유목민)'라는 단어를 현대로 소
환했습니다. 미식이라는 뜻의 '가스트로노미(gastronomy)'[27]와 유목
민을 의미하는 '노마드(nomad)'를 합친 '가스트로노마드'는 본래 지
역 특산 향토음식 찾아 여행하는 미식 애호가들을 가리키는 말로 '미
식계의 황태자'라고 불렸던 프랑스의 작가이자 언론인인 퀴르농스키
(Curnonsky)가 만들어냈습니다. 요즘은 현대인들이 맛있는 음식점을
찾아 자랑하듯 소비하는 새로운 외식 산업 트렌드를 지칭하는 말이기
도 하죠. 이는 현대인의 자아를 나타내는 철학적 용어로 언급되기도
합니다.

맛은 이미
상향평준화

과거에는 먹거나 입거나 여행하는 행위들이 대부분 일차원적이었습
니다. 단지 맛이 있으면 좋고, 유행에 맞춰 옷을 입으면 되고, 여행을 간
다는 것 자체만으로 만족했습니다. 그러나 지금은 이런 행위를 카메

---

27 가스트로노미(gastronomy): 1801년 조제프 베르슈(Joseph Berchoux)의 저서 《가스트로노미 또는 식탁의
농부(la Gastronomie ou l'Homme des champs à table)》에서 쓰인 후 사람들 사이에서 회자되기 시작했으며,
'맛있는 음식을 먹는 것과 관련된 예술'을 지칭한다.

라에 담아서 타인들과 공유합니다. 뻔하고 일상적인 것은 무의미해졌습니다. 현대인들은 개인의 만족을 위해 조용히 그때그때 마음에 맞는 선택을 찾아 움직입니다.

SNS가 일반화되어 있는 요즘은 사진이 예쁘게 나오는 곳을 선호하기 때문에 인테리어나 플레이팅이 예쁜 곳이 핫한 경향이 있습니다. 사람들이 몰리더라도 맛이 떨어지는 곳도 많죠. 그러나 이는 점주의 잘못된 판단입니다. 식당이 맛이 없으면 한 번은 찾아도, 두 번은 찾지 않기 때문이죠. 비록 인스타그램을 통한 공유가 활발하다 해도 예쁜 이미지에 치중하는 것은 지양해야 합니다.

하나의 공간을 핫하게 만드는 데는 차별화된 인테리어나 다른 곳에서는 볼 수 없는 독특한 아이디어, 아이템, 사람을 감동시키는 서비스 혹은 매뉴얼 등 여러 가지 기술이 있을 것입니다. 그러나 그 브랜드의 본질이라는 것이 있습니다. 밥집이라면 밥이 맛있어야 하고, 빵집이라면 빵이 맛있어야 하고, 카페라면 커피가 맛있어야 합니다. 물론 맛이 약간 떨어져도 또 다시 그것을 찾게 만드는 요소(분위기, 서비스, 차별성 등)가 있을 수 있지만, 본질 즉 기본적인 가치에 충실해야 소비자에게 끊임없이 사랑받을 수 있는 힘이 뒷받침됩니다. 다시 말해 맛은 기본이고, 그 이상의 것을 만들 수 있어야 한다는 의미입니다.

가끔 '3대를 내려오는 맛집' 같은 문구를 볼 때가 있습니다. 보통 이런 집에는 놀라운(알고 보면 간단한) 비법이 전해 내려오죠. 주인장은 며느리에게조차 절대 그 비법을 알려주지 않고, 사람들은 그 비법을 궁금해합니다. 지금은? 다릅니다. 비법 같은 것은 없습니다. 유튜브에는 없는 것이 없습니다. 만들기 까다롭다는 마카롱도, 과거 임금이 먹었다던 구첩반상도 유튜브를 보며 따라하면 충분히 차려낼 수 있는 세상입니다. 관심과 열정이 있으면 얼마든지 다양한 메뉴를 개발할 수 있는 것입니다.

맛은 이미 상향평준화되어 있습니다. 특히 우리나라 사람들은 모두가 예술가라고 할 수 있을 만큼 손재주가 좋고 감성이 풍부한 민족입니다. 요즘은 동네에 새로 생기는 카페나 빵집 중에서도 무작정 문을 열고 들어가보고 싶을 정도로 예쁜 곳이 많죠. 모두 디자인이나 미술을 전공한 것이 아닐까 생각될 정도로 신선한 아이디어가 넘쳐납니다. 저 역시 여전히 많은 것을 배우며 사업을 하고 있습니다.

관찰하고
읽어내라

제가 맛집을 발굴하고, 셀렉트 다이닝을 기획하고, 새로운 공간을 만드니 사람들이 저에 대해 크게 오해하는 것이 하나 있습니다. 제가 아주 뛰어난 취향과 테크닉, 혹은 거기까지는 아니더라도 뛰어난 미각을 가지고 있을 것이라고 추측하는 것입니다. 하지만 저는 아주 평범한 사람입니다. 오히려 미각은 일반인보다 더 둔할지 모릅니다. 어머니가 일을 하셔서 가사에 제대로 신경을 쓰지 못하셨고, 어릴 때부터 분식이나 인스턴트 음식으로 끼니를 해결한 적이 많습니다. 제 입맛은 오히려 하향평준화되어 있다고 할 수 있죠.

아이디어는 가만히 있다고 얻어지는 것이 아닙니다. 부단하게 움직이고 또 많은 시간을 투자해야 합니다. 텍스트 위주였던 블로그 시절만 하더라도 소비자를 판단하고, 트렌드를 읽기 위해서는 상당히 오랜 시간을 들여 시장조사를 해야 했습니다. 글을 읽고 분석해야 했기 때문입니다. 그러나 사진이 중심인 인스타그램 위주로 움직이는 오늘날은 다릅니다. 그저 지켜보면서 읽어내기만 하면 됩니다. 소비자들이 무엇을 원하는지 관찰하면서 사람들이 가지고 있는 욕망, 대중성을 날카롭게 캐치해 자기만의 형식으로 풀어내는 것이죠.

새로운 제품에 대한 정보를 다른 사람보다 먼저 알고 신제품을 구매하여 사용한 뒤 품평하는 얼리어댑터(early adopter)도 마찬가지입니다. 기본적으로 호기심과 열정으로 무장되어 있기는 하지만, 이들도 아무거나 사서 사용하지 않습니다. 유저들에게 호응을 얻을 수 있는 제품이 무엇인지 끊임없이 관찰하고 읽어내는 노력으로 아이템을 선별하고, 그 제품을 이용해 콘텐츠를 만들어냅니다.

차별성보다
대중성

새로운 가치, 새로운 콘텐츠를 담는 것은 무척 중요한 일입니다. 그러나 지나치게 개인의 취향만을 강조하는 것은 위험합니다. 극히 일부 마니아 취향으로 흐를 수 있기 때문입니다. 자본이 넉넉하면 소수의 마니아를 불러 모으기까지 걸리는 시간을 인내할 수 있겠지만, 대부분은 오랜 시간을 기다리기 어렵죠.

발뮤다가 선풍기를 만들어 대박을 친 후 다음 아이템으로 생각한 것은 토스트기였습니다. 선풍기도 토스트기도 전혀 첨단 제품이 아니죠.

오히려 한물 간 아이템이라고 생각할 수 있습니다. 그런데 소비자들은 발뮤다의 토스트기에 열광했습니다. 이유는 간단합니다. 발뮤다 토스터로 구우면 '죽은 빵도 살린다'는 평이 따라다닐 정도로 빵이 맛있기 때문입니다. 발뮤다 토스터에 빵을 굽기 위해 아침에 일어난다고 할 사람이 있을 정도니까요.

소비자가 무조건 독특하고 차별성이 있는 것만을 원하는 것은 아닙니다. 일상적이고 평범한 것이 중요할 때도 있습니다. 즉, 소비자가 무엇을 원하는지에 대한 본질이 중요합니다. 발뮤다 창업자 테라오 겐은 맛있는 토스트를 먹고 싶어 하는, 소비자의 심리를 읽어낸 것입니다.

발뮤다가 제품으로 소비자의 욕망을 풀어낸 것이라면 저는 콘텐츠, 공간으로 이를 풀어냅니다. 저는 그림 그리는 것을 좋아하고, 디자인에 관심이 많고, 건축을 전공했기 때문에 공간에 대해 감각적인 편이지만 그렇다고 해서 제 개인적인 취향을 공간에 반영하지는 않습니다. 브랜드를 만들 때는 제가 좋아하는 것보다는 철저하게 소비자의 취향, 특히 30대 전후의 여성을 관찰하며 트렌드를 읽어내고자 노력합니다.

테라오 겐은 "취향과 기호는 개성적인 게 존재하지만, 대중성도 반드시 존재한다"고 말했습니다. 좋은 콘텐츠, 다른 곳에서는 만날 수 없는 차별적 요소를 브랜드에 심는 것도 중요하지만, 많은 사람이 공감할 수 있는 대중성도 겸비되어야 합니다. 대중성이 있느냐 없느냐를 판단하는 것은 사업을 하는 데 아주 중요한 역량입니다. 개인의 취향이 중요한 시대이긴 하지만, 그럼에도 진정성에 기반한 콘텐츠가 대중성을 가질 수 있습니다.

PART.3

성공의 기반은 동반,
공공 가치를 담은 '상생 플랫폼'

1

경쟁의 시대,
공존을 이야기하다

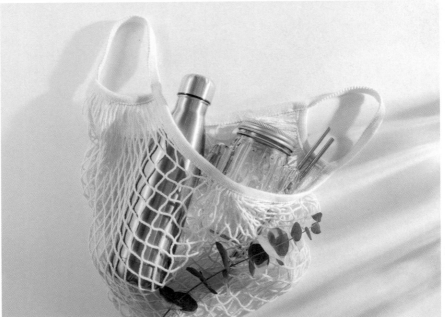

Win-Win

최근에는 자연보호를 넘어 지구의 모든 생명과 공존하고자 하는 친환경적 가치를 중시하는 소비가 대세를 이루고 있습니다. 지구온난화와 이상기후, 환경파괴 등이 일어나면서 앞으로 살아가야 할 지구를 지켜야 하는 사회적 책임에 통감하는 소비자가 늘고 있고, 그에 따라 능동적으로 물건을 소비하고 있는 것이지요.

도시도 인간처럼 태어나서, 성장하고, 끊임없이 변신하고, 쇠락하고, 때로는 소멸하기도 합니다. 도시에는 인간의 욕망을 닮은 마천루가 경쟁하듯 하늘로 뻗어 올라가고, 밤에도 불빛이 꺼지지 않죠. 전 세계에는 이 같은 도시가 수없이 많지만, 그 도시가 차지하는 면적은 전체 육지의 3%에 불과합니다. 그리고 그 3%에 세계 인구의 절반이 넘는 사람이 모여 서로 뒤엉켜 복작거리며 살고 있습니다. 전문가들은 이런 도시 집중화 현상이 점점 더 가속화되어 2050년이면 전 세계 인구의 70%가 도시에서 살 것이라고 예측합니다.

우리나라도 별반 다르지 않습니다. 국토교통부 통계에 따르면 우리나라 92%의 인구가 서울, 대구, 대전, 부산 같은 도시 지역에 거주하고 있습니다.[28] 더 놀라운 것은 2019년 12월 기준으로 수도권의 인구가 전체 인구의 50%를 돌파했다는 점입니다.[29] 수도권 인구가 지방 인구보다 많은 것은 우리나라 역사상 처음 있는 일로 도시 집중 현상이 얼마나 뚜렷한지 알 수 있는 대목입니다.

서로 모르는 사람들이 만나 각자의 이익을 추구하며 살아가는 도시는 일종의 익명성을 바탕으로 이루어진 공동체입니다. 쾌적하고 편리하며 다양한 문화적 혜택을 누릴 수 있고, 사회적 안전망과 인프라가 잘 짜인 지역으로 사람들이 모여들면서, 도시는 점차 몸집을 불립니다. 그 도시 속에는 다양한 인간이 서로 다른 욕망을 채우기 위해 하루

---

28 2018년 도시계획현황 통계(2019. 6)

29 2019년 12월 말 기준 대한민국의 전체 인구 5,184만 9,861명 중 50.002%인 2,592만 5,799명이 서울과 경기, 인천에 사는 것으로 나타났다(국가통계포털의 주민등록인구, 2020. 1. 6). 수도권을 제외한 지방의 14개 광역 시·도 인구는 총 2,592만 4,062명(49.998%)으로 수도권 인구보다 1,737명이 적다.

를 바쁘게 움직이며 살아갑니다. 결국 인간은 홀로 살아갈 수 없는 존재입니다.

편의와 편리를 택한
미국의 젊은 층

미국 중산층은 일반적으로 도시 근교 주택에 살면서 주중에는 도시에서 일을 하고, 주말이면 대형마트에 가서 장을 보거나 정원을 손질하고, 아이들과 운동을 하며 시간을 보내지요. 이런 광경은 실제 미국 중산층을 대표하는 행복의 상징이었습니다. 그러나 최근에는 미국의 중산층 기준이 바뀌고 있습니다. 젊은 층의 변화 때문입니다. 미국의 젊은 층들은 더 이상 과거의 기준에 자신을 끼워 맞춰서 살고 싶어 하지 않습니다. 출퇴근을 하느라 시간을 낭비하기보다 도심에 살면서 힙스터[30]나 비건[31] 같은 도시 문화를 마음껏 즐기고 싶어 하죠.

요즘 미국의 젊은 층은 자동차를 사지 않습니다. 심각한 교통체증을 피해 걷거나 자전거, 전동 킥보드를 이용하고, 급하면 승차 공유 서비스인 우버를 이용하지요. 이처럼 젊은 층의 가치관이 바뀌면서 현재 로스앤젤레스에서 가장 핫한 장소는 한인타운(코리아타운)이 되었습니다. 한류와 한식에 대한 관심이 커진 탓도 있지만 식사, 영화, 게임, 쇼핑 등 즐길거리가 넘치고 한곳에서 모든 것을 해결할 수 있는 편리

---

30 힙스터(hipster): 대중의 큰 흐름을 따르지 않고 자신들만의 고유한 패션과 음악 문화를 좇는 부류
31 비건(vegan): 우유와 유제품까지 먹지 않고 동물의 가죽과 털 제품도 쓰지 않는 것

함 때문입니다.

실리콘밸리의 중심도 이동했습니다. 본래 전원적인 분위기의 팔로알토[32]가 실리콘밸리의 중심이었지만, 최근에는 샌프란시스코가 새로운 벤처 중심지로 떠오르고 있지요. 젊은 인재들이 평화롭고 조용한 곳보다 도심에 살면서 다이내믹한 삶과 문화를 즐기길 원하기 때문입니다.

이렇듯 사회체제에 대한 요구와 가치는 시대에 따라 늘 바뀌는 것이어서 이를 담는 그릇이라고 할 수 있는 도시의 모습은 늘 생물처럼 변하기 마련입니다. 도시는 정지된 하드웨어가 아니라 계속 업데이트되는 소프트웨어입니다. 4차 산업혁명 시대인 지금, 도시는 인간의 욕구에 의해 훨씬 더 편리해지고 쾌적해질 것입니다. 이 같은 변화를 따라 사람들이 더 많이 도시로 몰려들고, 도시는 우리가 생각하지 못했던 모습으로 더욱 변모해갈 것입니다.

가치 소비, 윤리 소비,
친환경 소비

그런데 여기서 이상한 현상이 보입니다. 현대인들은 편의성을 좇아 도시로 모이지만, 그렇다고 모든 것에서 그런 현상이 나타나는 것은 아닙니다. 최근 소비자들의 소비 패턴을 보면 편의나 편리와는 거리가 먼 윤리적인 소비 성향이 더 강합니다. 과거에는 대기업이 쏟아내는 물량을 소구하는 대상이었던 소비자들이 이제 각자의 취향에 따라, 자신이 가치 있다고 믿는 기업의 제품을 구매하기 시작한 것이죠. 특히 최근에는 자연보호를 넘어 지구의 모든 생명과 공존하고자 하는 친환경적 가치를 중시하는 소비가 대세를 이루고 있습니다. 지구온난화와 이상기후, 환경파괴 등이 일어나면서 앞으로 살아가야 할 지구를 지켜야 하는 사회적 책임에 통감하는 소비자가 늘고 있고, 그에 따라 능동적으로 물건을 소비하고 있는 것이죠. 이러한 밀레니얼 세대의 가치 소비에 따라 기업도 그에 맞춰 변화하고 있습니다.

가장 먼저 시작된 것은 동물 보호입니다. 동물의 가죽이나 털을 사용하지 않겠다는 비건 패션(vegan fashion)이 대표적입니다. 국내 최초의 비건 패션 브랜드 '비건타이거(Vegan tiger)'나 "좋은 옷 한 벌 사서 오래 입자"는 철학을 가진 비건 패션 브랜드 '낫아워스(Not ours)'는 모두 동물 가죽이나 털을 사용하지 않습니다. 이들 비건 패션 브랜드는 누에고치에서 뽑아내는 실크 대신 식물 소재로 옷을 만들고, 와인 생산 후 남은 포도 찌꺼기로 원단을 만들거나 썩지 않는 플라스틱 등 폐기물을 재활용해 친환경 원단으로 만들기도 합니다. 그리고 지속적으로 의류 소재를 가공하고 생산하는 과정에서 발생하는 이산화탄소나 미세 플라스틱 배출량을 줄이기 위한 연구를 하고 있죠. 이처럼 소비자들이 기업들에게 끊임없이 윤리의식을 요구하고, 친환경과 가치 소비를 하도록 독려함으로써, 럭셔리 브랜드에서도 동물보호를 위한 탈 모피 선언이 이어지고 있습니다.

이런 가치 소비는 패션에만 해당하는 것이 아닙니다. 글로벌 사회

공정무역 실천에 앞장서는 아이스크림 브랜드 '벤앤제리스(Ben&Jerry's)'

책임 기업에 부여하는 B-Corp 인증을 받은 아이스크림 브랜드 '벤앤
제리스(Ben&Jerry's)'는 공정무역 실천에 앞장서는 브랜드로 커피,
설탕, 바나나, 코코아, 바닐라 등 주요 재료를 공정무역 제품으로만 수
급하고, 성장호르몬을 투여하지 않은 젖소와 자유 방목으로 기른 닭의
달걀만을 사용합니다. 롯데칠성이 출시한 '아이시스 8.0'의 경우에는
국내 생수 브랜드 최초로 생수병에 라벨을 붙이지 않았습니다. 바쁜
소비자들이 분리 배출을 할 때 라벨을 떼지 않자 재활용률을 높이기
위해 아예 라벨 자체를 없애버림으로써 환경보호에 동참한 것이죠.

전쟁, 혁명, 노동만이 세상을 바꿀 수 있는 것이 아닙니다. 우리가 일
상적으로 행하는 소비를 통해서도 세상은 변할 수 있다는 것을 소비자
들은 보여줍니다. 우리는 지금 소비시장의 패러다임이 급변하는 길목
에 서 있습니다. 그리고 이 패러다임의 변화는 나 혼자 잘살겠다는 것
이 아닌, 다 함께 잘살고자 하는 '상생'을 품고 있습니다.

2

상생에 대한 이해, 로컬

헤븐온탑 여의도점

지역 맛집 셀렉트 다이닝 마켓로커스, 하남점(위)과 연수점(아래)

Something

로컬이 좋은 이유는 그 지역 사람들에게는 매일 만나는 일상이지만, 타
지 사람들에게는 이전까지 경험하지 못했던 새로운 감성과 분위기를 느
끼게 할 수 있다는 점이죠. 이런 차별성이야말로 골목상권의 경쟁력이며,
소비자들이 열광하는 이유이기도 합니다.

수동적이던 소비자가 능동적인 주인공이 되고 대량생산에서 소규모 맞춤형으로 패러다임이 변하면서, '빅브랜드'에서 '스몰브랜드'로의 전환이 활발하다고 하지만, 스몰브랜드라고 무조건 좋은 브랜드는 아닙니다. 무언가 특별한 '썸띵(something)'이 있어야 합니다.

이 '무언가'가 무엇이냐고 묻는다면 미국의 슈퍼마켓 체인인 홀푸드가 좋은 답이 될 수도 있을 것 같습니다. 홀푸드는 현재 우리나라 마켓컬리의 오프라인 버전에 가깝습니다. 로컬 음식과 농산물, 장인들이 만든 음식, 오가닉한 제품을 모아놓은 마켓으로, 이들이 강조하는 것은 '로컬 스토리'입니다.

공급자 위주로 대량생산되던 시절에는 소비자의 섬세함과 다양한 취향이 고려되지 않았기 때문에 로컬이라는 단어 자체에 별 의미가 없었습니다. 하지만 이제는 관점 자체가 공급자 위주가 아닌, 소비자에 맞춰져 있습니다. 이런 소비자 중심의 시장에서 가장 중요한 키워드는 라이프스타일이며, 라이프스타일의 가장 기본은 사람을 이해하는 것이고, 사람을 이해하는 가장 중요한 키워드는 바로 '로컬'입니다.

홀푸드가 지역 시장, 지역 생산자, 소량 생산을 중요시하는 건 다양한 취향에 맞춰 다양한 작물을 재배하는 관점에서도 중요하지만, 또다른 관점에서는 지금 소비시장에서 제일 중요하게 이야기하는 윤리혹은 환경이라는 주제와 맞닿아 있기 때문입니다. 이런 패러다임을 가장 잘 설명하는 것이 '로컬 스토리'라는 키워드입니다.

합리적인 가격에 신선제품을 제공하는
로컬시장

2020년 전 세계를 휩쓴 코로나19 사태로 인해 외식산업 불황과 학교 식자재 감소로 농가들이 고통을 받자 지자체가 직접 농산물 판매에 나선 적이 있습니다. 가격은 파격적이었습니다. 감자 10kg이 택배비 포함 5,000원에 판매되었죠. 마트에서는 굵직한 감자 한 알이 약 1,000원에 판매되고 있는 요즘, 산지 직판이라고는 하지만 거의 공짜에 가까운 가격이 아닐 수 없습니다. 그렇다 보니 판매 사이트가 일시적으로 다운될 만큼 사람들이 많이 몰려들었습니다.

여기서 이상한 것은 산지에서는 감자를 갈아엎어야 할 정도로 남아도는데 막상 시장이나 마트에 나가보면 농산물 가격은 변동이 없다는 점입니다. 어떻게 된 일일까요? 짐작하듯 중간 유통 마진 때문입니다. 이런 유통 구조가 문제되는 것은 비단 가격뿐만이 아닙니다.

여기서 주목해야 할 것은 미국이나 유럽의 로컬시장입니다. 이들 로컬시장에서는 가까운 주변 지역에서 재배된 과일이나 채소, 직접 만든 빵 등을 팝니다. 로컬시장을 방문하는 사람은 일반 시민뿐만 아니라 백만장자나 유명 연예인들도 포함되어 있죠. 우리 생각에는 유명 연예인이나 백만장자가 굳이 전통시장격인 로컬시장에 갈 이유가 없을 것 같습니다. 편리하게 백화점에서 쇼핑을 하면 되니까요. 하지만 이들은 로컬시장을 자연스럽게 찾고, 시장 문화 자체를 즐깁니다.

〈노팅힐〉(1999)이라는 영화가 있습니다. 줄리아 로버츠와 휴 그랜트 주연의 〈노팅힐〉은 세계적인 할리우드 스타가 런던 노팅힐에서 여행 전문서점을 운영하는 주인을 만나면서 일어나는 일을 그린 로맨틱

코미디 영화입니다. 미국이나 유럽의 로컬시장 문화를 보면 이 영화의 배경이 그다지 허무맹랑하지만은 않은 셈입니다.

미국처럼 땅이 넓은 나라에서 농산물을 옮기려면 동에서 서로, 남에서 북으로 이동하면서 물류를 이용해야 합니다. 트럭이나 기차 같은 수단을 이용해 옮기면 석탄이나 기름을 사용할 수밖에 없고, 이는 곧 가격상승과 환경오염으로 이어집니다. 이러한 비합리적인 낭비를 막고, 지역의 특성과 다양성, 삶의 질과 사회적 가치를 강조하기 위해 미국이나 유럽 등지에서는 1970년대부터 로컬시장이 아주 보편화되었습니다.

로컬에서는 소규모로 농산물을 재배하고, 이동시간이 길지 않기 때문에 신선한 제품을 일반 시민에게 즉각 제공할 수 있고, 중간 유통 단계가 줄어들기 때문에 가격도 합리적으로 조정할 수 있어 생산자, 소비자 모두에게 유리합니다. 도시인들의 라이프스타일을 본다면 이쪽이 훨씬 더 삶의 메커니즘에 적합한 방식이라고 할 수 있습니다.

이미 시작된 로컬 문화,
골목상권

우리나라에서도 서서히 로컬 문화에 대한 관심이 커지고 있습니다. 과거에는 강남, 명동, 압구정 등 일부 지역에만 사람이 모이고, 그 지역 상권에서만 소비가 크게 일어났죠. 하지만 지금은 양상이 바뀌면서 더는 도시의 중심지를 고집할 이유가 없어졌습니다.

우리나라는 2000년대 중반부터 골목상권이라는 형태로 로컬에 대한 관심이 떠오르기 시작했습니다. 예술가적 성향의 사람들이 모여 공간의 차별성을 만들어낸 홍대와 가로수길, 오래된 한옥이 남아 있는 골목을 중심으로 고즈넉한 분위기를 자아내는 삼청동과 이국 문화의 집결지인 이태원, 이 네 상권이 중심이 되었죠. 이후 홍대는 문화시설을 세우고 경의선 숲길을 조성하면서 합정, 상수, 망원, 연희, 연남까지 골목상권 영역이 확대되었으며, 삼청동은 북촌과 예술가들이 많이 모여 살았던 골목길 서촌까지 영역을 넓혔습니다. 그 외에도 을지로, 익선동, 해방촌, 성수동 등 수많은 골목상권이 생기며, 개성 있고 특색 있는 동네 브랜드가 모인 골목이 자연스럽게 지역 발전을 견인하고 있습니다.

로컬이 좋은 이유는 그 지역 사람들에게는 매일 만나는 일상이지만, 타지 사람들에게는 이전까지 경험하지 못했던 새로운 감성과 분위기를 느끼게 해준다는 것이죠. 이런 차별성이야말로 골목상권의 경쟁력이며, 소비자들이 열광하는 이유이기도 합니다. 하지만 골목상권이 떠오르면서 생기는 부작용도 만만치 않습니다.

젠트리피케이션의
두 가지 면

낙후된 구도심 지역에 예술가나 감각 있는 젊은 크리에이터들이 모여 특색 있는 콘텐츠로 채워나가면 지역의 골목상권이 생겨나고 사람들이 모여듭니다. 이전까지 죽어 있던 혹은 없던 상권이 생겨나면서 지역은 활력을 띠고, 상권이 확장되면서 다양한 편의시설과 매장들이 많아져 지역 경기 또한 살아나죠. 하지만 자본이 유입되어 대기업이나 프랜차이즈 점포가 입점하면서 임대료가 천정부지로 치솟으면 기존에 있던 소규모 상인들이 버티지 못하고 결국 다른 곳으로 내몰리게 됩니다. 소위 말하는 '젠트리피케이션(gentrification)'입니다. 이는 우리나라뿐만 아니라 모습은 조금씩 다르지만 영국, 독일, 미국, 일본 등 전 세계의 수많은 도시에서 일어나고 있는 현상입니다.

얼마 전 임대료 상승을 견디지 못해 이태원에서 14년간 운영하던 식당을 폐업한 연예인 홍석천의 소식이 화제가 되기도 했었죠. 이태원 뿐만이 아니라 홍대, 가로수길, 상수동, 서촌 등 문화예술인들이 알음알음 모여들어 색깔을 입혀둔 공간이 일정 시간이 지난 뒤 대기업의 자본과 건물주의 욕심으로 인해 발생하는 젠트리피케이션은 자본주의 사회에서는 원천적으로 막을 방법이 없습니다.

개인적으로는 젠트리피케이션이 100% 부정적인 측면만 있는 것은 아니라고 생각해요. 도시는 살아 있는 생물과 같아서 좋아졌다 나빠졌다 할 수밖에 없습니다. 젠트리피케이션은 쇠락하는 지역이 재생화되는 과정에서 일어나는 현상으로 낙후되고 열악한 지역에 활기와 다양성을 불어넣어주고 시장 경제가 활성화되는 긍정적인 면이 있습니다.

문제는 선진국에서는 몇 십 년에 걸쳐 천천히 발생하는 일이 우리나라에서는 10년도 되지 않아 일어난다는 점입니다. 그리고 이러한 현상은 소비자들이 SNS 등을 통해 콘텐츠를 소비하는 주기가 빨라지면서 젠트리피케이션이 일어나기까지 소요되는 시간이 더 짧아지고 있습니다. 경리단길이 반짝하다가 어느 순간 상권이 소멸되어버린 것처럼 이런 현상은 지속적으로 일어날 것이고, 점차 심화될 것입니다.

전 세계에서 도시의 생리 현상처럼 나타나고 있는 젠트리피케이션. 그러나 부정적인 면만 있는 것은 아니다.

SNS는 골목상권이 활성화되는 기회를 가지고 왔지만, 그와 동시에 심각한 부작용도 함께 만들어내고 있는 것이죠. 이는 앞서 이야기한 것처럼 도시가 살아 있는 생물처럼 움직이기 때문에 상권 역시 움직이면서 일어나는 현상이기에 원천적으로 봉쇄하기는 어렵습니다. 그렇다면 이 문제를 해결할 수 있는 방법은 과연 없을까요?

도시는 인간의 욕망으로 인해 끊임없이 변해가며 그 과정에서 많은 이야기를 만들어냅니다. 그리고 그 속에는 분명 다른 사람들이 알아채지 못한 기회가 도사리고 있을 것입니다. 그 기회를 파악하고 잡을 것인지 그냥 흘려보낼 것인지는 흐름에 대한 관찰과 트렌드를 읽어내는 능력, 그리고 실행에 대한 적절한 타이밍이 필요합니다.

여기서 중요한 것은 소비자의 윤리·가치 소비와 색다른 체험의 요구에 따른 로컬에 대한 관심의 집중입니다. 이 두 가지가 포함하는 것을 요약하면 결국 '상생'이라는 키워드로 풀어낼 수 있을 것입니다.

3

도시재생 프로젝트,
지역상생 플랫폼 '성수연방'

생산, 유통, 소비가 한곳에서 이뤄지는 성수연방
하단 사진은 성수연방 투시도(ⓒfhhhfriends)

Recycle

도시는 정체되어 있지 않고, 끊임없이 움직입니다. 새로운 것이 지어지기도 하지만 철거되기도 하고, 채워지기도 하지만 비워질 때도 있습니다. 물론 지금 채워지고 있는 것들이 영원할 수 없고, 어느 순간이 되면 또 비워질 것입니다. 1:1로 공간이 채워지는 게 아니라 비워짐으로써 지역은 변화를 기회로 맞이할 수 있을 것입니다.

서울에서는 성수동을 보면 로컬에 대한 양상을 정확하게 알 수 있습니다. 성수동의 경우, 과거 1970년대부터 1990년대까지 자동차 공업소, 염색 공장, 구두 공장 등 각종 공장이 몰려 있던 공장지대였습니다. 산업성장기 때는 쉼 없이 기계가 돌아가고 오가는 사람으로 북적였던 성수동이 언젠가부터 변화하는 산업 환경의 압박을 견디지 못하고 공장들이 속속 문을 닫으며, 점차 쇠락의 길로 들어서기 시작했습니다. 지금도 성수동 골목골목에는 공장이 남아 있으며, 대형 트럭도 심심찮게 보이는 낙후된 지역입니다.

더는 사람들에게 관심받지 못하는 지역으로 외면당할 줄 알았던 성수동이 최근 새로운 변화를 맞고 있습니다. 쇠락으로 인해 생겨난 빈 공간이 재미있는 콘텐츠로 채워지면서 사람들이 다시 모여들기 시작하고 있는 것이죠. 노후되고 쇠락하면 새로운 콘텐츠가 들어갈 수 있는 기회가 만들어진다는 명제가 성수동에서 일어나고 있는 것입니다.

또 다른 공장,
성수연방

오랫동안 아무도 찾지 않던 공장 폐허를 리모델링하는 것이 인기를 끌며 성수동이 핫플레이스로 떠오르자 대림창고 갤러리 컬럼, 어니언 성수, 어반소스, 할아버지공장 같은 공장형 카페가 속속 생겨나기 시작했습니다. 이외에도 크고 작은 카페가 많이 생겨났죠. OTD의 경우에는 성수동에 공간을 기획할 때 성수동에 카페가 또 하나 생겨봐야 별 의미가 없다고 판단했습니다. 그러면 어떤 공간을 만들 것인가? 이런 고민 끝에 만들어진 공간이 '성수연방'입니다.

저는 성수연방을 기획할 때 지역의 특성과 OTD가 본래 추구하는 공간 플랫폼을 대입해 도시재생 프로젝트로 접근했습니다. 그렇게 해서 1970년대 구두 공장을 개조해 만든 복합 문화공간입니다.

성수연방이 성수동의 다른 곳과 차별화되는 것은 생산, 유통, 소비가 한곳에서 이뤄진다는 점입니다. 1층에는 '띵굴(Thingool)'의 첫 오프라인 매장인 '띵굴 스토어'와 수제 캐러멜 전문점 '인덱스 카라멜', 익선동의 만두 맛집으로 유명한 '창화당', 김태형 셰프가 론칭한 '피자 시즌', 국내 최초로 선보이는 인도 크래프트 비어 브랜드 'JAFA 브루어리'가 있고, 2층에는 큐레이팅 서점 '아크앤북', 3층에는 카페 '천상가옥'이 있죠. 그리고 '식품공장'이 있습니다.

저는 성수연방을 만들 때 성수동이라는 지역이 지니고 있는 기억, 흔적을 연결해보고 싶었습니다. 그래서 만들어진 것이 소시지와 캐러멜, 맥주와 만두 등 총 4개의 공장입니다. 성수연방 1층에는 카페가 없습니다. 일부러 카페를 배치하지 않았습니다. 그 대신 인도에서 온 맥주공장이 있습니다. 부동산의 원칙대로라면 임대료가 비싼 1층에는 공장이 들어올 수 없습니다. 그렇지만 과감하게 시도했습니다. 그리고 2층에 있는 아크앤북 내부에서는 공장에서 만두를 빚는 장면을 볼 수 있도록 설계했습니다. 서점의 창문 너머로 공장이 돌아가는 현장을 직접 볼 수 있습니다. 어디에서도 볼 수 없는 특별한 경험이지요. 저는 이같은 실험이 무척 재미있고, 또 필요하다고 봅니다.

도시는 정체되어 있지 않고, 끊임없이 움직입니다. 새로운 것이 지어지기도 하지만 철거되기도 하고, 채워지기도 하지만 비워질 때도 있

계절에 따라 테마에 맞춰 바뀌는 성수연방의 파빌리온

습니다. 물론 지금 채워지고 있는 것들이 영원할 수 없고, 어느 순간이 되면 또 비워질 것입니다. 1:1로 공간이 채워지는 게 아니라 비워짐으로써 지역은 변화를 기회로 맞이할 수 있을 것입니다.

공간의
공공성

성수연방의 뜰 가운데에는 '파빌리온'이 있습니다. 파빌리온은 성수연방 오픈 때만 이벤트 형식으로 열려고 만들었던 공간이었습니다. 그런데 이 공간 때문에 지방에서까지 사람들이 몰려드는 것을 보고, 마음을 바꿨습니다. 계절에 따라, 테마에 맞춰 꾸미는 데 대략 3,000만 ~5,000만 원의 인테리어 비용이 듭니다. 수익이 나는 공간은 아니지만, 소비자들에게 의미가 있고 가치가 있다면 지속적으로 끌고나갈 필요가 있다고 생각했죠.

성수동 같은 경우 카페만 우후죽순 생겨나서 재미가 없어질 즈음 리테일 콘텐츠와 서점, 파빌리온이 있는 성수연방이 생기면서 성수동을 찾아오는 이유가 조금씩 다채로워지기 시작했습니다. 이런 기획이 주변에 영향을 미치면서 성수연방이 오픈한 이후 뷰티 라운지 '아모레성수' 같은 재미있는 콘텐츠가 생겨나고 있습니다. 이처럼 한 공간이 주변 상권에까지 좋은 영향을 미치는 것도 긍정적인 부분이라고 믿습니다. 유명한 카페 한 곳에 가기 위해 일부러 서울의 끝자락에 있는 성수동으로 사람이 몰리는 것은 아니기 때문입니다. 이런 것이 '지역상생'이라고 생각합니다.

공간 플랫폼은 기본적으로 공간을 쪼개서 여러 개의 브랜드를 엮는 작업입니다. 강남이나 명동 같은 거대한 상권은 어디를 가든 느낌이 비슷비슷합니다. 골목상권도 상권이 활성화되고, 어느 순간 사람들이 거기가 거기 같다고 생각하면 그 지역은 매력을 잃어버리고 쇠퇴의 길을 걷게 됩니다. 대기업이 자본을 무기 삼아 파고들기 때문이죠. 대표적인 것이 가로수길이나 경리단길, 녹사평 같은 곳입니다. 성수연방을 만들 때는 저는 이런 현상을 막고 싶었고, 다행히 OTD가 가지고 있는 솔루션은 이런 부작용을 완화해주는 효과가 있습니다.

OTD는 공간을 대규모로 개발해서 인프라를 갖추고, 장기간 안정적인 비용으로 작은 브랜드들에게 공급합니다. 그렇다 보니 지역이 뜨고 지는 데 있어 그에 따른 영향을 어느 정도 완충시켜주는 역할을 하고 있습니다.

저는 성수연방에 대기업 브랜드를 들여놓지 않을 생각입니다. 그리고 성수연방에 입점한 브랜드를 상대로 급격하게 임대료를 올릴 생각도 없습니다. 수익이 조금 덜 나더라도 사람들이 좋아하는 서점이나 땡굴스토어 같은 라이프스타일 숍 등 좀 더 좋은 콘텐츠, 재미있는 콘텐츠에 기회를 주고 싶습니다.

개인의 자산을 소유한 건물주에게 공공의 목적에 맞춰 용도를 제한하는 것은 위헌적인 요소가 다분하고, 시장의 논리에도 맞지 않습니다. 그렇지만 공간을 개발해서 단순하게 임대료를 많이 받는 것은 OTD가 추구하는 방향이 아닙니다. OTD는 끊임없이 좋은 스몰브랜드를 개발하고, 그것을 유치하고, 로컬 감성을 유지하는 것이 목표입니다. 이런 노력이 콘텐츠가 매력 없어지는 것을 막아주는 역할을 일정

부분 할 것이고, 그 지역에 대한 감성을 좀 더 오래 지속시킬 수 있는 힘이 될 것이라 믿습니다.

상생 플랫폼의
가치

OTD는 지난 12월 중소벤처기업부로부터 예비 유니콘(Unicorn)[33]으로 선정되었습니다. 예비 유니콘으로 선정되면 유니콘 기업으로 성장할 수 있도록 100억 원까지 스케일업 자금을 지원받을 수 있습니다. 이번 예비 유니콘 선정이 더 특별했던 이유는 치열한 경쟁을 뚫고 선정된 총 14개의 예비 유니콘 중 오프라인 매장을 기반으로 한 사업자가 OTD밖에 없다는 점입니다. OTD가 낙후되거나 인적이 뜸한 공간을 살려 새로운 경제적 가치를 창출한다는 것과 이를 통해 고용창출까지 하는 것을 공유경제로 인정해준 것이죠.

OTD는 현재 지역 혹은 브랜드와의 '상생'을 위해 좀 더 커다란 기획을 하고 있습니다. 소비자들은 더는 빅브랜드에 매력을 느끼지 못하고, 희소성과 감성이 뛰어난 동네 맛집이 좋은데, 정작 동네 맛집은 시스템도 없고 바잉파워도 없습니다. 이런 문제를 OTD에서 해결해보기로 했습니다.

사업을 하다 보면 인프라를 구축하기까지는 무척 힘이 든다는 것

---

33 유니콘(Unicorn): 기업 가치가 10억 달러(1조 원) 이상인 비상장 스타트업 기업을 일컫는다. 2013년 벤처 투자자인 에일린 리(Aileen Lee)가 처음 사용한 용어다.

을 알게 됩니다. 어느 정도 인프라가 구축되면 어려움도 대폭 줄어들고, 사업을 진행하기도, 확장하기도 편하지만, 그 이전까지가 문제입니다. OTD는 F&B로 시작했기 때문에 현재 가장 폭넓게 구축되어 있는 인프라도 식품 생산과 관련된 쪽입니다. 회사가 좀 더 성장하면 라이프스타일 쪽으로도 사업 영역을 확장하겠지만, 현재 콘텐츠가 집중되어 있는 것은 식품 쪽입니다. 그래서 OTD는 명동에 베이커리 공장을 하나 세웠습니다. 최근 맛있는 동네 빵집이 늘어나고 있고, 이를 마켓컬리 같은 인터넷 쇼핑몰에 입점시켜야 하는데, 작은 브랜드는 자체 공장이 없어 납품할 방법이 없었습니다. 고민하다 아예 OTD에서 다품종 소량생산을 할 수 있는 베이커리 공장과 아이스크림 공장을 짓게 되었습니다.

튀김 소보로로 유명한 '성심당'처럼 동네 빵집도 커지면 자체 공장을 운영할 수 있지만, 거기까지 가는 데는 많은 시간이 걸립니다. 다시 말해 아무리 맛이 있고 소문이 나도 작은 동네 빵집이 단시간에 자체 공장을 갖추기란 쉽지 않은 일입니다. 국내 식품위생법으로는 매장에서 구운 빵을 인터넷 쇼핑몰에서 파는 것은 불법입니다. 인터넷 쇼핑몰이라는 일종의 물류센터를 거쳐야 하기 때문입니다. 따라서 해썹(HACCP)[34]이라는 인증을 받은 별도의 제조공장에서 빵을 만들어야 납품할 수 있습니다. OTD에서 지은 공장 덕분에 이제 동네 빵집도 기회가 생겨났고, OTD에서도 브랜드를 개발할 때 공장을 사용할 수 있

---

34 해썹(HACCP): 식품안전관리인증기준. 식품의 원재료 생산에서 부터 최종 소비자가 섭취하기 전까지 각 단계에서 생물학적·화학적·물리적 위해요소가 해당식품에 혼입되거나 오염되는 것을 방지하기 위한 위생관리 시스템

어 무척 유용합니다. 인프라 구축이 빛을 발하고 있는 것이죠.

상생을 위한 계획은 이뿐만이 아닙니다. OTD는 앞으로 식자재도 공동 구매할 예정입니다. 프랜차이즈는 바잉파워가 있어서 좋은 식자재를 저렴한 가격에 살 수 있지만, 작은 브랜드는 이 역시 쉽지 않습니다. OTD가 나서서 한 공간에 입점한 브랜드를 위해 식자재를 공동으로 구매하면 프랜차이즈 못지않은 바잉파워를 낼 수 있을 것으로 기대하고 있습니다. 이처럼 공간을 기획하고 좋은 브랜드를 큐레이션하면서 해야 할 일은 점차 늘어나고 있죠.

OTD가 도시의 공동화 지역에 기본적인 트래픽을 만들고, 공통비용을 쓰게 만들어 비용을 절감시켜주고, 필요에 따라서는 공장까지 대여할 수 있게 하는 등 할 수 있는 일이 점점 더 늘어나면서 OTD의 역할에 대해서 다시 한 번 생각해보게 됩니다.

PART.3

4

혼자보다 둘,
둘보다 셋

다양한 사람들의 기획을 통해 탄생한 공간, 아크앤북
사진은 아크앤북 수지점(위, 아래)과 시청점(가운데)

With

함께 가면 서로에게 자극이 되기보다 위안이 됩니다. 사실 세상에는 자극적인 것이 넘쳐나죠. 우리나라에는 뛰어난 능력을 가진 사람이 많기 때문에 시장조사를 하다 보면 자극을 받을 일이 특히 많습니다. 잘 만들어진 브랜드를 보면 어떻게 그런 걸 만들 수 있는지, 자극을 넘어 나 자신이 잘하고 있는지 불안해질 정도죠. 이런 과정에서 서로를 격려하면서 일하다 보면 어느새 프로젝트가 완성되어 있습니다.

사업을 시작하려고 하면 많은 말이 귀에 들어옵니다. 그중 하나가 절대 동업하지 말라는 말입니다. 동업하면 돈도 잃고 사람도 잃는다며, 열 명 중 아홉 명은 만류합니다. 그런데 제 생각은 조금 다릅니다. 동업보다 더 경계해야 할 것은 내가 하면 뭐든지 잘될 것이라는 '착각'입니다.

경험이 없는 사람들은 자신이 하면 뭐가 됐든 다 잘될 것이라고 생각합니다. 카페든 빵집이든 예쁘게 인테리어를 하고 열심히 하면 장사가 순조롭게 잘될 것이라는 착각에 사로잡히죠. 하지만 실제 창업을 해보면 생각과는 전혀 다른 현실이 기다리고 있습니다. 이것은 말로 설명할 수 있는 부분이 아닙니다. 창업자의 성향에 따라, 업종에 따라, 주변 환경에 따라 어떤 문제가 닥칠지 가늠하기 어렵기 때문입니다. 창업 이후에는 생각지도 않았던 수많은 일이 발생합니다. 실제 가게를 차리고 이런 일을 겪다 보면 창업이 결코 쉽지 않다는 것을 깨닫게 되죠.

**리스크를 줄여주는
동업**

저는 동업을 장려합니다. 이유는 단순합니다. 사업도 결국 '상생'이기 때문입니다. 혼자 창업해서 실패하면 재기하기 쉽지 않습니다. 한 번 실패해서 무너지면 그걸로 끝이죠. 만약 세 명이 모여서 동업하면 처음에는 서로 경험이 없기 때문에 실패할 수 있습니다. 하지만 세 명이 모여 세 번 도전하면 그중 한 번은 성공할 수 있습니다. 그래서 저는 처음 창업하는 사람에게 동업을 권합니다. 같이 힘을 모아 서로 도와가면서 일하다 성공하면 그걸 기반으로 각자 독립해도 되니까요. 물론 여기서 중요한 것은 서로 신뢰할 수 있는 좋은 파트너를 구하는 것이 겠지만, 혼자서 도전하는 것보다는 리스크를 감내할 수 있는 힘이 커지는 것은 분명합니다.

물론 동업하면서 일정 부분 마음을 내려놓는 부분은 있어야 합니다. 마음이 맞아서 같이 사업을 시작해도 일단 일을 시작하면 상대방은 아무것도 하지 않고(혹은 적게 하고), 나만 열심히 하는 것 같다는 생각이 어쩔 수 없이 들게 되니까요. 열이면 열, 동업하는 사람 사이에서 생기는 마음입니다. 상대방은 나와 같지 않습니다. 다름은 틀림이 아닙니다. 동업은 상대가 나와 다른 것을 인정하고, 일정 부분은 손해 본다는 마음으로 시작해야 합니다. 동업자도 항상 내게 손해 보는 마음이 있을 테니까요.

저는 공동창업자와는 무엇이든 무조건 반반으로 나눈다는 기준을 정해두었습니다. 아이디어를 제가 내고 회사를 세웠기 때문에 공동창업자는 초반에 지분이 많지 않았습니다. 하지만 곧 지분을 절반으로 늘리고, 그 이후 뭐든지 반반으로 나누고 있습니다. 저는 이 선택에 대해 결코 후회하지 않습니다. 서로 고생을 많이한다는 걸 일하면서 깨달았기 때문입니다.

동반성장이
답이다

제게는 한 가지 꿈이 있습니다. 가깝게는 OTD의 상장이지만, 멀게는 한국적인(로컬스러운) 브랜드를 만들어 해외에 진출하는 것입니다. 몇 년 전부터 많은 외국인이 한국 문화에 관심을 가지기 시작했죠. 봉준호 감독의 〈기생충〉 오스카 수상 이후에는 영화에 나오는 '짜파구리'나 '치맥'이 해외에서도 인기라고 합니다. 이는 분명 좋은 기회라고 생각합니다. 우리나라에서 만든 한국적인 브랜드가 미국 샌프란시스코에 오픈했을 때, 그곳 사람들이 열광하는 장소가 된다고 상상하면 정말 가슴이 뜁니다. 저는 한류에 BTS만 있는 것이 아니라는 사실을 알려주고 싶습니다. 블루보틀이 로컬에서 시작해 세계로 진출한 것처럼 저 역시 그런 브랜드를 만드는 것이 꿈이며, 결코 허황된 꿈이라고 생각하지 않습니다. 가끔 프로젝트를 진행하다 공동창업자와 대화를 나눌 때가 있습니다.

"우리가 이걸 할 수 있을까?"

"금방 할 수 있을 것 같은데? 힘내자."

함께 가면 서로에게 자극이 되기보다 위안이 됩니다. 사실 세상에는 자극적인 것이 넘쳐나죠. 우리나라에는 뛰어난 능력을 지닌 사람이 많기 때문에 시장조사를 하다 보면 자극을 받을 일이 특히 많습니다. 잘 만들어진 브랜드를 보면 어떻게 그런 걸 만들 수 있는지, 자극을 넘어 내가 잘하고 있는지 불안해질 정도죠. 이런 과정에서 서로를 격려하면서 일하다 보면 어느새 프로젝트가 완성되어 있습니다. 물론 중간중간 고통스러운 과정이 있기는 하지만, 열심히 하다 보면 한걸음 더 나아가 있는 '우리'를 발견하게 되는 것입니다.

저는 함께 가다 보면 동반성장할 수 있다고 믿습니다. 스몰브랜드 역시 더 다양화되고, 더 즐겁고 재미있어야 OTD도 발전할 수 있습니다. 지금 시대에 독불장군처럼 혼자 가는 것은 험한 창업의 길에서 외

롭고 힘들 뿐만 아니라 금세 한계에 부딪히고 맙니다. 제가 상생에서
길을 찾는 이유입니다.

5

돈에 대한 욕망이
돈을 불러오지 않는다

전통식재료인 팥을 주제로 정갈한 맛과 공간을 보여주는
프리미엄 디저트 카페, '적당(赤糖)'

Desire

돈에 대한 욕망이 돈을 불러오지는 않았습니다. 무언가를 바꾸고 싶은 욕심, 이루고 싶은 욕심, 자신의 아이디어를 실제로 만들어보고 싶은 욕심이 있는 사람일수록 성공에 가까이 다가갑니다. 내가 믿는 가치를 좇아서 열심히 하다 보면 돈은 부수적으로 벌게 되는 것이죠. 그리고 그 가치가 지금 소비시장의 흐름과 맞다면 시너지 효과는 크게 일어날 것입니다.

10년 전 회사에 다닐 때 수원 역사를 리뉴얼한 적이 있었습니다. 수원 역사는 위치도 좋고, 건물 상태도 좋았지만, 시설이 많이 낡은 상태였죠. 럭셔리 브랜드를 유치하고 싶어도 바잉파워가 약하기 때문에 좋은 브랜드를 유치하는 것은 엄두조차 낼 수 없었습니다. 어떻게 할 것인지 고민하다 맛집을 넣어보자는 생각에 이르렀습니다. 지금은 쉽게 찾을 수 있는 브랜드이지만, 당시에는 강남 같은 중심지에 한두 곳밖에 없던 스쿨푸드, 스무디킹, 크라제버거 같은 유명 브랜드를 수원 역사로 입점시키려고 했습니다. 그런데 회사 임원이 1만 원이 넘는 햄버거를 누가 기차역에서 먹으며, 누가 스무디 같은 특이한 음료를 찾겠냐며 야단을 치더군요. 그러나 예상을 깨고 이들 맛집은 대박이 났습니다.

자본을 뛰어넘을 수 있는
콘텐츠, 맛집

우리나라의 유통업체 빅3는 롯데, 신세계, 현대입니다. 매출 3조 원 전후의 애경그룹도 빅3에 밀려 럭셔리 브랜드를 유치하지 못할 만큼 빅3는 많은 콘텐츠를 독식하고 있습니다. 공간을 활성화시키려면 이들을 넘어설 수 있는 콘텐츠를 찾아야 하는데, 결코 쉽지 않은 일이죠.

분당 AK(애경) 백화점이 오픈할 때 스파(SPA) 브랜드[35] 유니클로가 입점한 적이 있습니다. 당시만 해도 유니클로가 그렇게 많지 않던 때

---

35 스파(SPA) 브랜드: Specialty store retailer of Private label Apparel Brand. 자사의 기획브랜드 상품을 직접 제조하여 유통까지 하는 전문 소매점을 일컫는다.

라 보안요원까지 출동해서 밀려드는 사람들의 줄을 세워야 할 정도였
습니다. 분당에서 이처럼 난리가 난 것은 루이비통 입점 이후 처음이
라고 했습니다. 지역에 따라서는 자라(Zara), H&M, 유니클로 같은 스
파 브랜드가 대안이 될 수도 있지만, 스파 브랜드는 회사 자체가 힘이
너무 강해 섭외가 쉽지 않습니다.

물론 수원 역사에 유명 맛집을 입점시키는 일도 쉽지 않았습니다.
떠오르는 샛별 브랜드를 중심으로 아이템을 발굴하다 보니 이들도 브
랜드 이미지 때문에 성급하게 결정하지 않고, 신중을 기했기 때문이
죠. 수원 역사에 얼마나 많은 사람이 모이는지 수치로 증명하는 자료
를 만들고, 이를 바탕으로 끈질기게 브랜드를 설득한 끝에 입점시킬
수 있었습니다. 뭐든 쉬운 일은 없는 법입니다.

수원 역사에 유명 맛집을 들여 흥행에 성공한 이후 저는 바잉파워가
없어도 맛집이라는 콘텐츠가 자본의 힘을 뛰어넘어 사람을 모으는 원
동력이 될 수 있다는 사실을 깨달았습니다. 이 같은 경험이 있었기에
셀렉트 다이닝인 '오버더디쉬'를 성공시킬 자신이 있었던 것입니다.
30대 후반에 창업을 한 저는 스타트업 대표로는 나이가 많은 편에 속
합니다. 스타트업 대표는 대부분 30대 초중반으로 상당히 젊은 편이
죠. 저는 그 대신 회사에서 10여 년간 쌓은 경험이 창업을 하고 경영을
하는 데 많은 도움이 되었습니다.

사업을
이끌어가는 힘

"돈만 많으면 나도 저렇게 할 수 있는데…."

많은 사람이 이런 말을 합니다. 창업에만 한정된 이야기가 아닙니다. 집안을 꾸미거나 나 자신을 꾸미는 데도 이런 핑계를 댑니다. 하지만 돈만 있다고 모든 것을 성공적으로 이룰 수 있는 것은 아닙니다. 만약 돈이 많다고 모든 일을 성공시킬 수 있다면 재벌 2세, 3세가 창업하면 전부 성공해야 하지 않겠습니까? 하지만 현실은 그렇지 않지요.

쇼핑도 처음부터 잘할 수 있는 것이 아니고, 인테리어도 돈이 있다고 잘 꾸밀 수 있는 것은 아닙니다. 옷도 매장에 나가서 이것저것 입어보고, 매칭해보고, 실패도 해봐야 잘 입을 수 있습니다. 럭셔리 브랜드로 몸 전체를 감싸도 전혀 명품스러워 보이지 않는 사람이 있는가 하면 저렴한 옷으로도 명품을 입은 것처럼 고급스럽고 멋지게 스타일링을 하는 사람이 있습니다. 인테리어 역시 마찬가지입니다. 지속적으로 관심을 가지고 보는 눈을 길러야 자신이 원하는 취향에 맞춰 집을 꾸밀 수 있습니다. 그저 돈이 많다고 해서 취향대로 꾸밀 수는 없습니다. '관심'과 '경험'이 반드시 필요합니다.

창업을 하고 하루하루가 힘들었습니다. 외부에서 볼 때는 스포트라이트를 받는 스타트업 대표들이 화려해보이겠지만, 이는 허상입니다. 스타트업 대표들끼리 모이면 가장 많이 하는 것이 한풀이입니다. 가장 원초적인 질문인 '왜 창업했을까'부터 시작해서, 직원, 투자, 정책, 애로사항 등 수많은 이야기가 튀어나오죠. 스타트업 대표라는 공통점이 있다 보니 다른 곳에서는 말하지 못하는 푸념을 털어놓는 일이 많습니

성수연방에 방문한 패션 디자이너 폴 스미스

다. 미디어에 소개되는 스타트업 대표들은 투자도 받아야 하고, 브랜드도 홍보해야 하기 때문에 겉으로 화려해보이지만, 실상은 속이 썩어 들어가고 있다고 표현해야 할 것입니다.

물론 힘들기만 하다면 오래 버티지 못합니다. 힘듦을 넘어서는 보답이 있기 때문에 사업을 이어나갈 수 있습니다. 저 같은 경우에는 공유생산 개념을 담은 성수연방이 인정을 받았던 순간에 가장 큰 보람을 느꼈습니다. 2019년 말 한국관광공사에서 전 세계에 한국을 홍보하는 '한국에 놀러오세요'라는 광고 영상을 만들었습니다. 이 광고에는, 한국에서 가볼 만한 곳이 최종 3군데 선정되었는데, 성수연방이 그중

한 곳으로 뽑힌 거죠. 첫 번째는 인천공항 옆의 파라다이스 그룹에서 운영하는 호텔 파라다이스 시티(카지노가 있습니다)이고, 두 번째는 신세계백화점에서 운영하는 '시코르'라고 하는 프리미엄 뷰티 편집숍입니다. 파라다이스 시티는 1조 2,000억 원 정도 규모의 사업이고, 시코르도 그에 못지않은 자본이 들어간 사업으로 대기업에서 상상하지 못할 정도의 돈을 투자해서 만든 콘텐츠입니다. 그런 큰 기업이 운영하는 곳과 함께 성수연방처럼 작은 공간이 선정된 것입니다.

성수연방은 세계적인 패션 디자이너 폴 스미스가 한국에 왔을 때도 들렀고, 무지(Muji, 무인양품)의 CEO인 마쓰이 타다미쓰 회장도 방문할 정도로 입소문을 타고 있습니다. 이처럼 생각지도 못한 일이 생길 때면 말로 다할 수 없는 희열을 느끼죠. 이것이 제가 사업을 지속할 수 있는 이유이자, 힘입니다.

버려진 공간이라는
기회

한 기자가 스티브 잡스에게 물었다.
"어떻게 성공했는가? 비결이 무엇인가?"
잡스가 대답했다.
"돈을 벌려고 창업하면 100이면 100 모두 실패한다."

저는 돈을 벌기 위해 창업한 것이 아닙니다. 즐겁게 일하다 보면 돈은 어느 순간 벌게 될 것이라고 믿습니다. 사업은 돈이 많다고 해서 성공하는 것도 아니고, 돈을 벌려고 작정한다고 사업에 성공할 수 있는 것도 아닙니다. 이것은 완전히 다른 가치의 문제입니다.

디저트 카페 '적당'을 오픈할 때도 원해서 개점한 것이 아니었습니다. 을지로 아크앤북을 만들 때 남은 공간이 있었는데, 가게를 내야 하는 곳이 안쪽 후미진 공간이다 보니 입점하려는 회사가 없었습니다. 어쩔 수 없이 OTD가 직접 아이디어를 짜내서 기획한 것이 적당이고, 적당은 짧은 시간 내에 입소문을 타면서 갑자기 핫플레이스가 되었습니다.

버려진 공간, 아무도 오지 않던 곳에 갑자기 많은 사람이 몰려와서 관심을 가져줄 때, 굉장히 큰 힘이 됩니다. 거기까지 가는 과정은 무척 힘들지만, 이 맛에 일을 지속할 수 있는 것이죠.

솔직히 저는 이리에 밝은 편입니다. 열심히 일했고, 돈 벌 기회도 많았습니다. 회사에 다니면서 친구들과 함께 부업으로 엔젤리너스, 투썸플레이스, 이디야 같은 카페를 운영하면서 돈도 많이 벌었습니다. 대기업을 그만두고 난 뒤 개인 사업으로 부동산 컨설팅을 하면서도 돈을 벌었습니다. 혼자였기 때문에 부가가치도 높았죠. 지금처럼 회사를 운영하는 대신 혼자 일했다면 훨씬 더 많은 돈을 만졌을 것입니다. 그때에 비하면 지금 저에게 들어오는 돈은 훨씬 더 적거든요. 하지만 건물의 자산 가치를 올리고 매각하는 일은 일종의 브로커 역할입니다. 돈만 버는 사람이 되고 싶지는 않았습니다.

창업 후 3년 동안은 정말 힘들었습니다. 번 것보다 투자를 더 많이 했기 때문입니다. 이는 사업하는 사람들의 숙명이라고는 하지만, 저는 좀 더 가치 있고, 재미있는 일에 나 자신을 던지고 싶었습니다.

가치와 성취에 대한
욕망

쉬지 않고 일하는 동력은 억지로 만든다고 만들어지는 것이 아닙니다. 일에 대한 열정이 있어야 가능한 일이죠. 사업은 어쩔 수 없이 리스크를 안고 가야 합니다. 리스크를 안고 끊임없이 스스로를 괴롭히며 에너지를 짜내면서 일하는 이유는 리스크보다 더 큰 보답이 있기 때문입니다.

여기에서 중요한 것이 '내가 무엇을 원하느냐'는 것입니다. 보는 관점에 따라 돈의 가치는 달라집니다. 저는 저 자신을 위해 소비하기보다 제가 하고 싶은 일을 하기 위해서 돈이 필요했습니다. 좋은 옷을 사 입거나 멋진 차를 모는 것보다 성공한 일에서 오는 충족감에서 더 큰 희열을 느꼈습니다. 카페에 투자하거나 제가 생각하는 재미있는 콘텐츠로 공간을 채우고 싶어 열심히 돈을 번 것이지 돈 자체가 목적은 아니었습니다.

스티브 잡스는 돈을 벌기 위해 창업하지 말라고 했습니다. 돈을 벌려는 마음에서 시작하는 케이스는 대부분 실패한다고 충고했죠. 돈을 벌고 싶다면 창업보다는 차라리 공부해서 투자를 하는 편이 낫습니다. 좋은 투자가와 좋은 기업가는 성향이 완전히 다르니까요. 모든 사람이 창업할 수 있고, 사람마다 일에서 얻는 만족감은 다르지만, 어느 정도 단계를 딛고 올라서서 성공이라고 표현할 수 있는 기업은 우리나라에 몇 곳 없습니다.

스타트업 대표들과 만나서 이야기를 하다 보면 공통적으로 성공에 대해 하는 이야기가 있습니다. 바로 모든 것을 '갈아넣어야' 한다는 것입니다. 저절로 잘되는 일은 없습니다. 모든 성공은 자신의 모든 것을 갈아넣어야 겨우 이룰 수 있습니다. 새로운 기획 하나를 진행할 때마다 모든 것을 갈아넣어 진행하기 때문에 힘이 드는 것입니다.

경험상, 그리고 주변의 케이스를 살펴보더라도 돈에 대한 욕망이 돈을 불러오지는 않았습니다. 무언가를 바꾸고 싶은 욕심, 이루고 싶은 욕심, 자신의 아이디어를 실제로 만들어보고 싶은 욕심이 있는 사람일수록 성공에 가까이 다가갑니다. 내가 믿는 가치를 좇아서 열심히 하다 보면 돈은 부수적으로 벌게 되는 것이죠. 그리고 그 가치가 지금 소비시장의 흐름과 맞다면 시너지 효과는 크게 일어날 것입니다. 저의 경우에는 그것이 작은 브랜드, 공간에서 비롯된 공유, 상생이었고, 시기적으로 잘 맞아떨어졌던 것이죠. 운이 좋았다고 생각합니다.

6

사업은 운일까?
관리일까?

헤븐온탑 여의도 디스트릭트Y점

Self-Management

현대의 소비자들이 환경, 윤리의 문제에 민감하게 반응하는 것을 감안했을 때, 아무리 좋은 아이디어이자 사람들에게 각광받는 사업이라고 해도 CEO의 도덕성은 중요한 문제입니다. CEO의 이미지가 곧 기업의 이미지로 연결되기 때문에 CEO의 자기관리는 필수입니다.

기본적으로 좋은 창업 CEO가 되려면 모든 것을 갈아넣는 혼신의 노력도 필요하지만, 운도 따라야 합니다. 물론 이 운이란 평소 공부와 관찰에 의해 갈고 닦은 '촉'이 있어야 따라오는 것입니다.

'모빌리티 선두주자'로 주목받던 11인승 승합차 공유 서비스 '타다'가 일 년 내내 계속 논란이 되다가 불법이라는 판결이 나면서 타다는 막다른 길에 몰리기도 했습니다. 타다 이용자는 이 서비스를 좋아합니다. 특히 안전성 때문에 여성들이 타다를 선호하죠. 소비자들의 택시 서비스에 대한 설문 조사를 보면 서비스 개선 사항으로 승차 거부(45.7%), 불친절(29.0%), 난폭운전 및 욕설(9.1%), 원치 않는 대화(5.1%) 등이 있습니다. 카풀 앱 서비스의 필요성에 대해서도 41.6%가 필요하다고 답했죠.[36] 소비자 관점에서 보면 타다나 카카오 카풀 같은 서비스를 규제하면 안 되지만, 이 서비스들은 '타다 금지법(여객자동차운수사업법 개정안)'에 가로막혀 버렸습니다. 대신 준고급 이동서비스인 '타다 프리미엄'을 내세우고 있지만, 이처럼 모든 공유 서비스가 승승장구하는 것은 아닙니다.

위기인가
기회인가

최근 몇 년 시장이 소화할 수 없을 정도로 급격하게 변했습니다. 대표적인 것이 최저임금입니다. 정부는 연평균 경제성장률이 평균 3%인 상황에서 2년에 걸쳐 최저임금을 20% 올렸습니다. 이 때문에 시장이 경색되고 오작동이 일어나기 시작했죠. 이것으로 끝난 게 아니라 연이어 주 52시간 근무제가 시행되면서 시장은 다시 한 번 더 크게 경색되었습니다. 경영자 입장에서는 이를 수용하기가 무척 힘든 상황이었지요. 하지만 일반 기업의 경영자들이 최저임금이 가파르게 올라서 위기라고 할 때 OTD에는 오히려 기회가 되었습니다.

제가 속해 있는 카테고리의 대기업들은 현재 많이 어렵습니다. 시대의 흐름에 적응하지 못한 기업은 시장에서 퇴출되는 단계를 밟고 있습니다. 이처럼 대기업이 무너지기 시작하면서 여기저기 공백이 생겨나고 있습니다. 저는 이것이 시장 자체가 없어진 것이 아니라 기회가 생긴 것이라고 생각합니다. 이런 공백을 OTD와 같은 공유 플랫폼이 메우는 것이죠. OTD는 소상공인, 자영업자들과 합을 맞춰 굴러가는 시스템이고, 소비자들도 이런 플랫폼을 원하다 보니 환경이 좋지 않아도 직접적으로 큰 타격을 받지 않는 장점이 있습니다.

OTD가 좋은 이유는 또 있습니다. 서점의 경우입니다. 2019년 초동네서점을 보호하기 위해 기존의 교보문고와 영풍문고, 반디앤루니스 같은 대형서점은 1년에 신규 점포를 1개밖에 내지 못한다는 규제 정책이 발표되었습니다. 을지로 '아크앤북'이 오픈하자마자 생겨난 법입니다. 최근 할인점이나 백화점이 소비자들을 모으기 위해 쇼핑몰과 센터 등으로 공간을 변경·확장하면서 필요로 하는 것이 서점인데, 그 솔루션을 제공할 수 있는 것이 OTD밖에 없어진 것입니다. 어떻게 보면 천운이 아닐 수 없죠. 만약 시장이 변하는 시점이 아니었다면 공간 플랫폼 기업은 생겨나지 못했을 것입니다. 특히 OTD가 속한 유통은 소수의 대기업이 독식하고 있던 분야였습니다. 개인이 어떻게 감히 신세계나 현대 같은 대기업과 상대할 수 있었겠습니까? 새로운 성장의 전환점을 맞이하고 있는 OTD를 보면 사업에 운이 필요하다는 것을 절실하게 깨닫게 됩니다.

창업자의
자기관리

사업에 운이 필요하다고 해서 경영과 관리가 빠져서는 곤란합니다. 특히 창업자의 자기관리는 필수인 시대입니다. 시대의 변화에 맞춰 등장한 공유 오피스 '위워크'는 아이디어 하나로 성공한 케이스입니다. 그런데 2019년 막대한 부채와 기업 지배구조 문제와 더불어 공동창업자이자 전 CEO인 애덤 노이만(Adam Neumann)의 방만 경영과 도덕성 문제 등이 노출되면서 상장이 무기한 연기되었죠. 이 때문에 공유 플랫폼을 부정적인 시각으로 바라보는 이도 적지 않지만, 이것은 단기적인 부작용으로 시스템 자체가 평가절하 받을 필요는 없다고 생각합니다.

현대의 소비자들이 환경, 윤리의 문제에 민감하게 반응하는 것을 감안했을 때, 아무리 좋은 아이디어이자 사람들에게 각광받는 사업이라고 해도 CEO의 도덕성은 중요한 문제입니다. CEO의 이미지가 곧 기업의 이미지로 연결되기 때문에 CEO의 자기관리는 필수입니다. 회사 재무구조가 나쁘다고 해서 여론이 나빠지지는 않지만, CEO의 이미지는 한순간이며 한번 내려진 평가는 만회하기 쉽지 않습니다. 특히 창업자들은 새로운 일을 시작하면서 스트레스나 압박을 많이 받습니다. 압박을 이기지 못하고 자칫 폭주할 수 있으므로 현재 받고 있는 스트레스를 정기적으로 소거할 필요가 있습니다.

맥도널드의 신화를 쓴 레이 크록(Ray Kroc)의 저서 《사업을 한다는 것》(2019, 센시오)을 보면 지침으로 삼아야 할 내용이 많습니다. 바이타믹스 블렌더로 성공의 기반을 다진 레이 크록이 맥도널드에 도전을 했을 때는 50세가 넘어서였습니다. 지금이야 50대라고 해도 청춘이지만, 레이 크록은 2차 세계대전을 겪었던 사람입니다. 그 시대에 50대는 이미 은퇴할 나이였죠. 그런 나이에 레이 크록은 제2의 창업에 나선 것입니다. 그가 쓴 글 중에서 인상 깊었던 것은 "쉬는 것도 일처럼 쉬었다"고 하는 대목이었습니다. 침대에 누워서 긴장을 푸는 것도 일하듯이 했다는 것입니다.

저는 스트레스를 받을 때면 운동을 합니다. 땀을 내면 몸이 힘들어지면서 머리 회전이 잠시 멈춥니다. 뇌가 받는 과부하를 운동으로 잠시 덮어두는 것이죠. 그래도 스트레스가 너무 심하면 칩거하며 혼자 시간을 많이 가집니다. 단기적으로나마 폐인이 되어 주변과 단절된 생활을 하면 충전이 되는 것을 느낍니다. 자신이 받는 스트레스를 어떻게 푸는지는 사람마다 다릅니다.

중요한 것은 회사에 지장이 생기지 않도록 자신만의 스트레스를 해소하는 방법을 만들어내는 것이죠. 훌륭한 창업자는 쉬는 것도, 건강관리도 잘해야 합니다.

7

실패에 져서는 안 된다

아크앤북 수지점

지점마다 특색 있게 기획되는 공간 아크앤북. (위부터) 잠실점, 수지점, 성수연방

Go Beyond Failure

새로운 분야에 도전하는 것에 대해서 누군가는 멋지다고 하고, 누군가는 위험하다고 합니다. 제가 어떤 일에 대해 주장을 펼치면 일부는 맞다고 하지만, 대부분은 아니라고 합니다. 거절당할 것을 알면서도 거절당하면 커다란 상처가 되는 것은 어쩔 수 없는 인지상정입니다. 그런데 이런 실패에 지면 그걸로 끝입니다.

사업을 하다 보면 누구나 어려움을 겪기 마련입니다. 저 역시 마찬가지로 많은 어려움을 겪었습니다. 회사에 다닐 때는 좋은 동료와 팀원이 함께 일했지만, 창업 후에는 A부터 Z까지 혼자 처리해야 하기 때문에 모든 것이 서툴고 힘들었습니다. 사람을 뽑거나 비용을 쓰고 처리하고, 세금을 내는 것 등 모든 게 사람 손을 거쳐야 하는 일입니다. 회사에는 시스템이라는 것이 있어 조직적으로 움직이지만, 창업을 하고 나니 사무실 화장실을 얼마만큼의 주기로 청소해야 할지까지 하나하나 정해야 하더군요. 조직에 길들여 있던 사람이 이런 일을 혼자서 하려고 하니 손발이 따로 놀 수밖에 없었던 거죠.

서툴러도 첫 발을 떼면
앞으로 나아간다

OTD의 첫 프로젝트인 셀렉트 다이닝 '오버더디쉬'가 성공할 수 있었던 것은 메인 타깃의 연령대가 저와 비슷했기 때문이었다고 생각합니다. 하지만 이후 홍대에서 문을 연 오버더디쉬 3호점은 대참패였습니다. 30대 직장인이 주를 이뤘던 1, 2호점과 달리 홍대는 20대가 주 타깃이었습니다. 20대와 30대는 감성 자체가 다르고, 지역적 특색도 다릅니다. 그런데 그 사실을 무시하고 시장조사는커녕 20대가 무엇을 좋아하는지 고민조차 하지 않고 홍대점을 오픈했습니다. 1, 2호점의 성공에 기댄 오만함이었죠.

성수연방 공사를 할 때는 업체가 날림 공사를 하고 잠적하는 바람에 공사기간이 두 배로 늘어나면서 손해가 이만저만이 아니었고, 브랜드를 섭외할 때마다 난항을 겪었습니다. 지금이야 미디어에도 많이 언급되고, OTD로 인해 유명해진 브랜드도 많아진 덕분에 섭외가 어렵지 않지만, 사업 초창기에는 맨땅에 헤딩하는 것과 마찬가지여서 이상한 사람 취급을 당하고 무시당하는 일이 비일비재했습니다. 대기업에 속해 있을 때는 절대 받지 않았던 대우였기 때문에 그런 상황이 무척 힘들게 느껴졌습니다. 입점 브랜드가 정해져야 공간을 디자인하는데, 업체 선정에만 6개월이 걸렸으니 그 어려움을 짐작하고도 남을 것입니다.

OTD가 하는 일이 버려진 공간을 살리는 일이다 보니 브랜드들이 선뜻 수락을 하지 않았던 것도 있습니다. 이런 경우는 어쩔 수 없이 을지로 '아크앤북' 내에 있는 디저트 카페 '적당'이나 성수연방 3층에 있는 카페 '천상가옥'처럼 OTD에서 직접 공간을 기획해서 운영할 수밖에 없었습니다. 이런 기획 하나하나가 엄청난 에너지와 열정을 필요로 하는 일로, 이런 프로젝트를 끝내고 나면 정말 10년은 늙었다는 말이 절로 나올 정도입니다. 하지만 이런 과정을 겪으며 OTD는 한발 한발 앞으로 나아갔습니다.

성공과 실패는
종이 한 장 차이

OTD 창업 초창기에는 무리하게 시도한 지방 입점이 실패한 적도 있습니다. 당시 OTD는 직원이 채 10명도 되지 않은 때였는데, 백화점의 요청을 거절하지 못하고 대형 유통사의 일부 매장에 입점을 했습니다. 준비되지 않은 상태에서 사업을 확장한 것이 패착이었지요.

지점이 실패한 이유에는 여러 가지가 있겠지만, 저는 그 이유를 크게 세 가지로 꼽습니다. 첫째, 공간 플랫폼은 일반적인 건물주의 성격과는 완전히 다릅니다. 단순히 공간을 내어주는 것이 아니라 공간을 기획한 뒤, 입점한 각각의 스몰브랜드를 끊임없이 관리하며 책임지고 운영해야 합니다. 본사에서 지점으로 직원을 파견해 소비자의 불편사항을 듣고, 잘못된 곳이나 수리해야 할 곳 등을 찾아 현장을 지속적으로 관찰하고 관리해야 합니다. 직원이 전날 밤 술을 마시고 늦게 나와 오픈 시간을 맞추지 못할 경우 정시에 문을 열 수 있도록 관리하거나 업장의 위생을 관리하는 것도 모두 공간 플랫폼 본사의 몫입니다. 본사가 사장처럼 각각의 작은 브랜드를 모두 관리해줘야 하는데, 직원이 없으면 할 수 없는 것들입니다.

둘째, 프랜차이즈는 어떤 지점이든 똑같은 인테리어와 메뉴가 적용되지만, OTD는 각 지역의 특성에 맞게 브랜드를 선택해 입점시키고, 인테리어를 새로이 합니다. 서울에서 잘되어도 고양에서 잘되라는 보장이 없습니다. 이는 다시 말해 철저하게 시장조사가 선행되지 않으면 실패할 수밖에 없다는 것입니다.

셋째, 리테일 시장은 일등부터 꼴찌까지 순위가 매겨지는 분야입니다. 매출에 의해서죠. OTD는 시장조사를 통해 브랜드를 선택하지만, 순위에는 관여할 수가 없습니다. 이는 오롯이 소비자의 선택이기 때문입니다. 1등이 하루에 1,000만 원씩 벌 때 꼴찌는 하루에 200만 원씩 적자가 나기도 합니다. 리테일 시장의 아픈 지점이지만 꼴찌는 항상 생겨나기 마련이고, 이런 브랜드는 지역에 맞는 다른 브랜드로 교체할 수밖에 없습니다.

당시 저는 본점이 잘 돌아가니까 시스템만 잘 적용하면 지점도 알아서 잘 돌아갈 것이라는 망상에 빠졌습니다. 물론 처음에는 성공적이었지만, 관리가 안 되자 문제가 발생했고 개인적인 바람대로 알아서 봉합되지도 않았습니다. 회사가 빠르게 성장하다 보니 인원 부재의 문제로 매장 관리가 전혀 되지 않았고, 이는 실패로 이어질 수밖에 없었습니다.

OTD가 어느 정도 성장할 때까지는 배신도 많이 당했습니다. 특히 대기업에서 아이디어를 빼내갈 때는 속수무책이었죠. 이제는 어느 정도 회사가 성장해 무작정 이용당하는 일은 없지만, 대기업의 횡포에 작은 회사들에게는 방패가 없습니다. 스스로 커나가는 수밖에요.

사업가들이 미디어에서 성공한 이미지로 비친다고 해서 그들이 무조건 성공 가도를 달린다고 생각해서는 곤란합니다. 사업을 하다 보면 성공은 물론 실패도 있기 때문입니다. 성공한 사람의 대부분은 의지를 다져서 실패를 이겨낸 사람들입니다.

실패에 져서는
안 된다

이런 과정을 통해 크게 깨달은 것이 하나 있습니다. 실패에 지면 안 된다는 것입니다. 스타트업의 투자 유치는 숙명과도 같습니다. 좋은 업체이고, 성장할 수 있는 회사이며, 투자하기 적절한 기업이라고 끊임없이 상대를 설득해야 합니다. 이 과정에서 수많은 거절을 당했습니다. 이때

받은 상처는 겪어보지 않은 사람은 결코 모를 것입니다.

새로운 분야에 도전하는 것에 대해서 누군가는 멋지다고 하고, 누군가는 위험하다고 합니다. 제가 어떤 일에 대해 주장을 펼치면 일부는 맞다고 하지만, 대부분은 아니라고 합니다. 거절당할 것을 알면서도 거절당하면 커다란 상처가 되는 것은 어쩔 수 없는 인지상정입니다. 그런데 이런 실패에 지면 그걸로 끝입니다.

다행히 저는 한 가지 사업이 실패할 때마다 그다음 프로젝트가 성공해서 실패를 극복할 수 있었습니다. 셀렉트 다이닝 '오더 버 디쉬' 홍대점이 실패했지만 광화문 D타워의 수제 맥주집 '파워플랜트'가 탄력을 받았고, 지방의 백화점에서 사업이 주춤할 때 스타필드 하남 '마켓로거스'가 터져주는 식이었죠. 또 파워플랜트의 성공으로 오만해져 여의도에 공간을 기획할 때 명동 맛집만 선택해 넣었다가 주말에 사람들이 모이지 않아 실패하고, 그다음 기획한 '아크앤북'이 대박을 터트려서 또 구사일생으로 살아났습니다.

사업을 하다 보면 성장하다가도 순간순간 꺾일 때가 있습니다. 이때 동력을 잃어버리고 좌초되면 한없이 추락하고 맙니다. 그걸 딛고 일어서서 밀어붙이고 도전해야 할 힘이 필요합니다. 제가 실패할 때마다 살아날 수 있었던 것은 실패가 자극이 되어 다음 프로젝트를 성공시킬 원동력으로 삼았기 때문입니다. 만약 제가 실패에 져서 의기소침해 있었다면 결코 다음 기회란 없었을 것입니다. 한 번 실패했으니 한 번 더 실패하면 더는 추락할 곳이 없다는, 마지막이라는 마음가짐으로 모든 것을 '갈아넣어' 프로젝트를 임하다 보니 성공할 수 있었다고 짐작합니다.

회사는 잘돼서 성장하는 게 아니라 매 순간 최선을 다하다 보면 어느 순간 성장해 있습니다. 외부환경은 결코 제가 마음먹은 대로 되지 않습니다. 일하다 보면 반드시 위기가 닥치기 마련이고, 위기를 돌파하는 순간은 정신이 없기 때문에 성장과 발전은 생각조차 할 겨를이 없죠. 하지만 그 위기를 헤쳐나가기 위해 애를 쓰다 보면 어느 순간 성장해 있는 나 자신과 회사를 발견할 수 있을 것입니다. 그런 맛에 회사를 운영하는 것이라 생각합니다.

강연 중인 필자

8

함께 도전하고
성장한다는 것의 의미

성수연방 파빌리온 겨울 테마 '성수설원'

상생의 길을 꿈꾸는 성수 프로젝트

Co-Growth

사람들의 취향은 더욱 세분화되고, 트렌드는 더욱 빨라질 테고, 이에 따라 젠트리피케이션 역시 그 주기가 훨씬 더 짧아질 것입니다. 작은 브랜드가 건물주를 상대하다 보면 임대차 계약기간을 길게 가져가지 못한다는 약점이 있지만, OTD가 10년이라는 장기임대를 통해서 대기업 브랜드의 진입을 막는다면 급격하게 임대료가 상승하는 부작용도 막을 수 있을 것입니다. 공유 공장, 공동 식자재 구매 외에도 OTD는 스몰브랜드와 공생할 수 있는 길을 찾아나갈 것입니다. OTD의 성장은 지금부터입니다.

위워크나 OTD는 오피스냐 리테일이냐 하는 장르만 다를 뿐이지 비즈니스 모델이나 플랫폼이 갖고 있는 속성은 같습니다. 대기업이 한 건물을 소유하고 그 공간을 1,000명이 사용한다고 가정해보죠. 동일한 면적을 위워크가 사용하게 되면 보통 3,000명 정도가 사용할 수 있는 공간으로 활용합니다. OTD도 마찬가지입니다. 대기업이나 개인이 사용할 때보다 동열한 면적을 사용하면서 밀도를 3~4배 정도까지 높입니다. 당연히 매출이 올라가는 효과가 있습니다.

이는 공간 플랫폼이 가지고 있는 장점 중 하나입니다. 하나의 공간을 거점으로 해서 영업이 성공적으로 진행되면 안정적으로 운영할 수 있죠. 좋은 비즈니스 모델이지만, 단 하나 아주 취약한 단점이 있습니다. 초기 투자비용이 지나치게 많이 든다는 점입니다. 개미처럼 열심히 일해서 3년이 지난 시점에 투자비용을 회수하고 나면 그 이후 이익을 가져갈 수 있지만, 초기 리스크가 너무 큰 게 약점입니다. 다시 말해 오래 유지하면 할수록 이익이 나는 구조이지만, 성장이 빠르면 빠를수록 초기 투자비용이 상당히 많이 드는 비즈니스 모델이라는 단점이 있는 것입니다.

**새로운 비즈니스 모델에 대한
도전**

OTD는 '통임대 후 재임대(마스터리스 master lease)' 방식으로 5년여 만에 덩치를 40배가량 키웠습니다. 이제는 수익성을 끌어올릴 수 있는 방안을 연구하고 있습니다. 재무제표상으로 인테리어는 시설 투자비로 인정받지 못합니다. 인테리어는 소멸성으로 인식되기 때문에 은행에서 대출을 받을 때도 시설 투자비가 아닌 운영비로 분류됩니다. 건물을 지을 때 골조는 담보력이 있지만, 인테리어는 담보력이 없습니다. 한번 공간을 기획할 때마다 30억, 50억 원씩 투자를 하는데 담보가 잡히지 않으니 초기 투자비용이 너무 많이 들어갑니다. 잠기는 돈이 너무 큰 거죠. 저는 이 약점을 극복해야만 공간 플랫폼이 비즈니스 모델로 한 번 더 점프할 수 있고, 가치를 넘어서는 비즈니스를 만들 수 있다고 판단했습니다. 그래서 생각한 비즈니스 모델이 아예 부지를 사서 건물을 짓는 것이었습니다.

이전에는 공간을 통째로 임대해서 재임대를 하는 방식이었지만, 처음부터 건물을 짓게 되면 인테리어 비용이 원가에 들어가게 됩니다. 인테리어 비용을 개발 사업 자체에 포함시키기 때문에 개발 초부터 이익을 배당받을 수 있습니다. 건축 설계부터 공간을 직접 만들기 때문에 별도의 인테리어 투자비용이 없이도 곧바로 오퍼레이팅할 수 있는 모델이 완성되는 것입니다. 이는 위워크와 OTD가 지니고 있는 한계점을 극복할 수 있는, 패러다임을 바꿀 수 있는 모델이라고 생각합니다.

이 비즈니스 모델은 건설회사에서도 매력을 느끼고 있습니다. 우리나라 대부분의 건설회사는 분양을 위해 사업을 하죠. 그런데 분양 사업은 사이클이 길어서 경제 사이클과 맞지 않습니다. 다시 말해 경기가 좋아서 땅을 사서 건물을 지었는데, 분양할 시점이 되면 경기가 안 좋아져서 주택 단가가 내려가 있는 경우가 있습니다. 삼성 래미안이 아무리 좋은 브랜드라도 불경기에는 아무도 집을 사지 않는 것처럼요. 이런 속성이 있다 보니 건설회사의 애로사항이 크죠. 분양을 통해 매출을 만들고 이익을 내는 선분양 후건축이라는 이 구조는 일본이나 미국에서는 아주 후진적인 방법이기 때문에 우리나라의 건설사도 이제 선진화되어야 하는 시점에 와 있다고 봅니다. 안정적인 사업을 위해 새로운 비즈니스 모델을 발굴해야 하는데, 그때 좋은 상품이 오피스빌딩 같은 것이라고 저는 생각합니다. 왜냐하면 대여하지 않고 자산운용사에 통매각을 할 수 있는 안정적인 상품이기 때문입니다.

　문제는 오피스는 아파트처럼 선분양을 해서 건물을 짓기 전 리스크를 없앨 수 있는 방법이 없다는 점입니다. 아파트는 지어놓으면 들어올 사람이 많지만, 오피스 건물은 누가 언제 들어올지 아무도 모릅니다. 준공 후 영업을 열심히 해야 공실을 채울 수 있다는 속성 때문입니다. 이것이 바로 오피스 개발의 어려운 점입니다. 그런데 OTD에서 진행하는 모델은 사전에 공간을 100% 사용하는 조건으로 부지를 매입해 짓기 때문에 건설사에서는 리스크가 없는, 아주 좋은 비즈니스 모델로 여겨지는 것입니다. 이 건물이 인허가가 나면 자산운용가들에게 곧바로 매각할 수도 있습니다. 건물이 완공되고 난 이후에 공실에 대한 리스크가 전혀 없어 곧바로 상품을 운용할 수 있기 때문입니다. 저는 이것이 규모는 작지만, 기존의 한국의 부동산의 패러다임을 완전히 바꾸는 비즈니스 모델이 될 수 있다고 생각합니다. 첫 프로젝트로 부지는 2,314m²(700평), 건물 연면적은 1만 9,834m²(6,000평)가 안 되는 작은 사이즈이지만, 이 프로젝트가 성공한다면 시장에 던져주는 메시지가 무척 클 것으로 생각합니다.

상생의 길을
찾아서

우리나라가 해외를 자유롭게 여행할 수 있게 된 것은 1989년으로 30년 정도밖에 지나지 않았습니다. 이전에는 해외에 한번 나가려고 하면 여러 가지로 복잡하게 챙길 것이 많았죠. 30년 만에 많은 것이 변했습니다. 지금은 페이스북, 구글, 인스타그램, 넷플렉스 같은 글로벌 플랫폼이 스마트폰을 점유하고 있습니다. 예전에는 미국의 포털이 구글이었다면 한국은 네이버라는 식으로 나뉘었지만 지금은 페이스북, 인스타그램 같은 SNS를 전 세계에서 같이 쓰고 있어 글로벌 트렌드 영역이 훨씬 넓어지고 있습니다. 사람들에게 미치는 영향 또한 빠르게 전달되고 있습니다. 그리고 저가 항공사 등 선택의 폭이 넓어지면서 국내여행하듯 해외여행을 많이 다니며 글로벌 동조화 현상이 아주 심해지고 있습니다.

이런 변화의 시점에서 OTD가 할 수 있는 역할은 결코 적지 않다고 생각합니다. 사람들의 취향은 더욱 세분화되고, 트렌드는 더욱 빨라질 테고, 이에 따라 젠트리피케이션 역시 그 주기가 훨씬 더 짧아질 것입니다. 작은 브랜드가 건물주를 상대하다 보면 임대차 계약기간을 길게 가져가지 못한다는 약점이 있지만, OTD가 10년이라는 장기임대를 통해서 대기업 브랜드의 진입을 막는다면 급격하게 임대료가 상승하는 부작용도 막을 수 있을 것입니다. 공유 공장, 공동 식자재 구매 외에도 OTD는 스몰브랜드와 공생할 수 있는 길을 찾아나갈 것입니다. OTD의 성장은 지금부터입니다.

영감을 주는 공간
인스타그램에 공개한
나에게 영감을 주는 공간들

1.

식스티세컨즈 라운지
이태원 라이프스타일 쇼룸

덥고 기운 빠지는 나른한 오후. 잠깐이라도 분위기
좋은 침실에서 잠깐 눈을 붙일 수 있다면 얼마나
좋을까요. 아마도 그런 멋진 아이디어로 기획한 공
간임이 틀림없는 이태원 식스티세컨즈입니다.
좋은 매트리스를 만들겠다는 사명으로 시작한
온전한 한국 브랜드. 60초 안에 좋은 잠을 선사하
겠다니, 좋은 제품, 좋은 공간인데 이름마저 감탄
하게 되네요.
1층 공간은 침실과 관련한 다양한 라이프스타일
제품들 있어 이것저것 살 것도 구경할 것도 많습
니다. 매트리스도 훌륭하지만 패브릭이나 주변
소품들, 특히 침실 분위기는 정말 머릿속에 새겨
넣고 싶을 정도지요. 요즘처럼 여름휴가 반납하
고 정신없이 달릴 때 정말이지 사무실 옆에 있었
으면 하는 공간이었습니다.
서울시 용산구 장문로 29, www.60s.co.kr

2.

아모레성수
뷰티 라운지

오프라인 공간의 힘이 점점 더 커지는 시기인 것
같습니다.
젠틀몬스터 이후 많은 브랜드들이 그런 관점에
서 다양한 방식으로 공간을 보여주네요. 태평양
아모레 시절부터 현재까지의 역사를 공간에 녹
여낸 아모레성수 역시 마찬가집니다.
저희 OTD는 공간에서 수익을 만들기 위해 어떻
게든 노력해야 하는데 이미 글로벌 코스메틱 회
사인 아모레는 브랜딩을 위해 아낌없이 공간을
할애했네요.
대기업 브랜드들이 무분별하게 침투하다 보면
그 지역의 고유한 정서가 사라져 안타까운데 이
번 아모레성수는 되레 그 지역성을 강화시켜주
는 너무 좋은 사례인 것 같아 기분이 좋습니다. 한
번 가보시면 좋을 것 같습니다.
서울시 성동구 아차산로 11길 7
www.amore-seongsu.com

3.

글린공원
김포 수목원 카페

식물이 가득한 식물원카페 글린공원입니다.
우리나라에 '실내식물원'이라는 새로운 개념을 만

든 분들이 카페를 열었다고 해서 어떤 곳일지 많이 궁금했는데, 과연 감탄하게 되는 곳이었어요. 요즘 유행하는 느낌과는 결이 다른 색감이 듬뿍 느껴지는 곳이지요.

박공의 기다란 메스는 중간 메자닌을 두고 복층 구조로 되어 있고, 가로 대비 기다란 세로 공간을 구불구불 길을 내고 자연석 타일로 마감하니, 마치 공원을 거니는 느낌이 듭니다. 다양한 식물들과 바닥의 높낮이를 조정해 공간을 분절하니 시야는 확 트였어도 자리에 앉으면 아늑한 느낌이 들고요.

여기저기 다양한 콘셉트의 공간들이 있어 구석구석 뒤지는 재미까지 있는 글린공원. 김포에 사는 분들은 참 좋겠습니다. 집 근처 도심 숲을 재밌게 해석한 근린공원, 아니 글린공원이 있어서요.

경기도 김포시 양촌읍 석모로5번길 34

www.instagram.com/gleenpark_cafe

4.

퍼베이드(Pervade)
강릉 베이커리 카페

공간, 브랜딩, 그리고 그 안에 담긴 콘텐츠의 완성도. 이 삼박자가 맞아떨어지는 것이 가장 이상적인 공간이죠. 강릉에 위치한 퍼베이드는 아마도 이러한 이상에 가장 근접한 곳인 듯합니다.
예전 나들목 고깃집 가건물을 절제된 재료와 색으로 정돈하고, 가구 조명 역시 튀지 않고 가성비 좋게 제작하되, 대신 건물 테두리 후면 도로와 주차장 면하는 곳에 세련되고 자연스런 조경을 넣었으니 매력적일 수밖에요.

브랜드는 공간의 결처럼 과하지 않게 되레 눈에 잘 안 띌 정도로만 노출해 감성을 자극하죠.
주말여행으로 강릉을 생각하신다면 반드시 가봐야 할 곳, 하지만 조금 더 시간이 지나면 앉아서 커피 마시기 힘들 정도로 핫한 곳입니다.

강원도 강릉시 화부산로 78

5.

본태(Bonte)
아시안 퀴진 레스토랑

파인다이닝 문화가 다양해지고 있어요. 서호영 셰프님이 도산공원에 오픈한 본태.
육중한 출입구 문, 오픈 키친, 세련된 서버와 테이블 세팅. 처음부터 끝까지 완성도 높게 짠 공간. 아마도 기획 단계부터 미슐랭을 염두에 두고 만든 곳이 아닐까 싶습니다. 아시안 스타일을

베이스로 다양하게 접목한 메뉴들이 많아 익숙하면서도 놀라움을 줍니다. 음식에 따른 플레이팅 역시 아주 근사해요. 한국의 고급 외식문화가 BBQ 혹은 일식 쪽으로 편향되어 있어 파인다이닝 시장이 외국에 비해 빈약하다는 아쉬움이 있었는데 이런 멋진 곳이 생겨 참 반가워요. 다만 미슐랭 때문인지 인테리어 식자재 등 원가 구조가 너무 높아 보여 과연 수익이 날지 걱정되더라고요. 음식 단가는 조금 높은 편이지만 이 정도 퀄리티면 다른 아시아 혹은 유럽 다이닝 대비 좋은 가격이랍니다.

서울시 강남구 도산대로45길 14
http://www.instagram.com/bonte_seoul

조경으로 조그만 공간 하나하나 놓치지 않게 만들어 얼핏 보이는 면적이 40평도 안 될 테지만 체감 상 두어 배는 더 크게 느껴집니다.
커피는 라카브라 덴마크 원두를 사용하고 핸드드립 실력은 여느 집 못지않아요. (벽장을 메우고 있는 원두를 구경하다보면 감탄이 절로 나온다는…)
큰 기대 없이 왔다가 장소, 공간, 커피 그 어느 것 하나 부족함이 없어 무척 만족했던 곳입니다. 단지 하나 아쉬움이 있다면, 벌써 유명해져서인지 손님들이 너무 많았어요. 다음에는 평일 오후 한적한 시간에 다시 와봐야겠습니다.

서울시 용산구 한강대로7길 18-7
www.instagram.com/travertine_cafe

6.

트래버틴(Travertine)
용산 은행나무길 카페

이름부터 너무 생소한 이곳. 얼마 전 서툰 운전 실력 탓에 잘못 들어온 골목에서 발견하고 언뜻 보기에도 심상찮아 다시 찾았지요.
뼈대와 지붕을 남긴 오래된 구옥. 박공메스 안으로 투명한 유리큐브를 집어넣은 것처럼 평행을 이루는 바닥의 석재판과 천장의 금속판이 공간을 형성하고 그 중심에 거대하고도 매력적인 붉은 돌덩어리가 자리합니다. 바로 그 이름이 카페 이름과 같은 '트래버틴'이라고 하네요.
박공과 큐브가 결합된 사이사이 공간은 벽돌과

7.

슈퍼막셰 바이 에피세리 꼴라주
이태원 프랑스 레스토랑

최근 방문했던 식당 가운데 가장 큰 자극을 받았던 슈퍼막셰. 식료품점과 레스토랑을 결합한 그로서란트(Grocerant: 복합식품매장)이자, 시간에 따라 레스토랑이 술집으로 변하는 하이브리드 리테일의 가능성을 보여주는 레스토랑입니다. 또 뉴트로 감성을 프렌치 버전으로 비틀어 마치 프랑스 이케아 내지는 프렌치 포장마차가 연상되기도 했습니다.
무엇보다 가장 큰 탄성과 존경심이 느껴지는 대목은, 투자비를 최소화한 대신 브랜딩과 기획력

으로 새로우면서도 감각적인 공간을 만들어냈다는 것이죠. 각종 육가공품과 베이커리를 모두 갖춘 곳으로, 식사하기에도 간단한 쇼핑을 하러 가기에도 좋은 곳입니다.

서울시 용산구 이태원로 222-26

8.

류니끄

신사동 세로수길 레스토랑

한 분야의 거장을 만날 때 느끼는 흥분과 경외심은 어느 무엇보다 좋은 자극제가 됩니다. 신사동 류니끄에서 현재 우리나라를 대표하는 류태환 셰프님을 뵈었어요. 예전에 느꼈던 현란한 테크닉과 동양적 정서가 베어든 그의 요리가 이제는 점점 식자재에 대한, 즉 기본에 대한 진중함이 더해져 세계적인 셰프 그 누구와도 비교되지 않는 경지에 이르렀다는 느낌을 받았습니다.

그럼에도 한국의 파인다이닝 문화를 키우기 위한 끝없는 노력은 정말 대단합니다. 미디어를 통해 만들어진 것이 아닌 온전한 취향을 누리게 할 수 있는 멋진 다이닝에 좀 더 많은 손님들이 찾아왔으면 합니다.

서울시 강남구 강남대로162길 40

www.ryunique.co.kr

국외

1.

일본 - 마루노우치 브릭스퀘어

도쿄 한가운데 푸르른 공간

도시는 마치 하나의 생명체와 같아서 긴 시간에 걸쳐 각종 규제와 개발 계획, 자본, 그리고 사람들

에 의해 끊임없이 변화하죠. 그러한 변화가 지난 흔적을 지워나가기만 한다면 도시란 현재의 파편에 불과할 겁니다. 변화해가는 모습이 그대로 묻어나는 공간, 또한 그런 공간이 도시민을 위한 공용 공간으로 잘 가꿔진다면 그만큼 매력적인 일도 없는 것 같아요. 2000년대 중반부터 시작된 도심 건물 재개발이 2012년부터 잇달아 완공되면서 도쿄의 풍경도 많이 달라지고 있습니다. 그중 마루노우치 브릭스퀘어는 고전적인 도쿄와 현대적인 도쿄를 동시에 보여주는 참 좋은 예인 것 같습니다. 빠듯한 일정 중 여유롭게 커피 한 잔만으로도 후회 없을, 또한 한번쯤 도쿄에 살고 싶은 마음이 생기는 순간이었습니다.

2.

방콕 - 잼팩토리(The Jam Factory)

건축가 두앙릿 분낙(Duangrit Bunnag)이 설계한 복합 문화 공간

2박 4일 일정으로 힘겹게 다녀온 방콕 출장에서 가장 좋았던 건 잼팩토리였습니다. 말 그대로 강

변에 잼을 만들던 버려진 공장을 멋지게 개조한 라이프스타일 숍, 건축사사무소, 북카페, 모던레스토랑, 갤러리 등의 복합공간으로 완성해 놓은 장소입니다. 서울의 한강에도 이런 공간이 있으면 너무 좋을 것 같아요. 볼거리, 먹을거리, 구경거리가 참 많은 방콕에서, 꼭 한 번은 가봐야 할 곳으로 추천합니다.

41/1-5 Charoen Nakhon Rd

thejamfactory.life

3.

타이페이 - 화산문화공원(화산1914)
타이페이의 대표적 도시재생 공간

1914년에 만들어진 양조장 단지가 젊은 예술가와 타이페이 시민을 위한 문화단지로 탈바꿈한 곳입니다. 위치는 중샤오신성역에서 걸어갈 수 있을 정도로 타이페이 중심부에 위치해 있습니다. 넓은 대지 한 켠에는 공원이, 단지 중심에는 여러 공연장과 전시장이 자리 잡고 있습니다. 사이사이 분위기 좋은 테라스를 가진 음식점과 카페가 있고 동선 곳곳에 재밌는 리테일 매장이 있어 시간 보내기 참 좋은 곳입니다.

맑은 하늘과 오래된 건물들이 참 운치 있었어요. 건물과 건물들 사이 거리가 사람에게 참 편안한 스케일이라 어디에 있든 기분 좋은 장소입니다.

No. 1, Section 1, Bade Rd, Zhongzheng District,

Taipei City , www.huashan1914.com

4.

미국 - 칙필레(Chick-fil-A)
미국 닭고기 전문 패스트푸드

치킨버거 그리고 치킨너겟만으로도 현재 미국에서 제일 인기 많은 패스트푸드 칙필레. 기름기 없이 쫀득하고 담백한 치킨패티와 부드러운 번, 야채의 조합이 너무나 훌륭하고 특히 벌집감자와 칙필레 소스의 알싸하고 달콤한 맛은 정말 환상적이죠. 이미 미국은 맥도널드, 버거킹 등의 프랜차이즈에서 다양한 취향을 반영한 다음 버전의 패스트푸드 브랜드들을 탄생시키는 중입니다.

www.chickfila.com

5.

미국 - 누에하우스(Neuehouse)
크리에이티브 오피스

미국 서부의 실리콘비치에서는 위워크 스타일의 공유 오피스보다 한 단계 진화한 콘셉트의 크리에이티브 오피스 시장이 아주 핫합니다. 밀레니

엄 세대를 위한 창의적인 그리고 유연한 사무공
간을 제공한다는 기본 개념은 유사하지만, 좀 더
낮은 밀도와 고급스런 인테리어, 중규모의 행사
장, 그리고 가장 중요한 세미파인다이닝 수준의
F&B 매장을 제공하고 있다는 점이 다릅니다. 사
진은 대표적인 크리에이티브 오피스 누에하우스
(NeueHouse) LA점인데요, 이들은 이미 위워크보
다도 훨씬 고가의 회원 비용을 받고 있음에도 대
도시 기준 평균적으로 90퍼센트 이상의 점유율
을 보이고 있다고 합니다. 위워크, 패스트파이크,
스파크플러스 등이 점유하고 있는 한국 공유 오
피스 시장에서 그 이상의 프리미엄 버전이 가능
할지 궁금하네요.

www.neuehouse.com

6.
미국 - 인텔리젠시아(Intelligentsia)
스페셜티 카페

미국 스페셜티 커피혁명의 주역, LA 베니스비치
에 위치한 인텔리젠시아입니다. 거리부터 이미
높은 감도를 자랑하고, 내부 공간은 캘리포니아
리테일의 기본사항인 높은 천장과 쏟아지는 햇
볕을 갖췄습니다. 거칠지만 섬세하게 디자인된
가구들은 매장 전체를 일관된 분위기로 감싸 어
디에서도 느끼지 못한 감성을 느끼게 해줍니다.
커피는 두말할 것 없이 훌륭했습니다. 역시 진정

한 브랜드는 맛과 공간, 그리고 사람이 완성한다
는 것을 다시 한번 느낍니다.

7.
미국 - LA ROW DTLA
도시재생 복합문화공간

ROW DTLA는 LA 다운타운 서쪽 항만에 위치한
도시재생 복합문화공간입니다. 예전 아메리칸어
패럴 공장을 2층 이상은 공유 오피스로, 저층은
리테일 콘텐츠로 채운 곳이지요.
먼저 리테일은 타르틴에서 만든 그로서란트
market, 마치 스픽이지바처럼 재밌게 공간을 구
성한 패션숍 bodega, 그리고 poketo 등 다양한
색깔의 라이프스타일숍으로 이루어져 있습니다.
오피스 역시 다양한 부대 시설과 감각적인 인테
리어가 결합되어 문자 그대로의 '크리에이티브
오피스'라고 말할 수 있을 것 같아요.
과거의 LA가 전형적인 캘리포니아 동네였다면,
요즘 'NEW LA'는 ROW DTLA와 같은 곳을 중심
으로 트렌디한 힙스터들을 심심찮게 만날 수 있
는 동네가 되어가고 있습니다.
1년 전에 왔을 때보다 훨씬 완성도 있게 만들어
진 모습에 살짝 충격도 질투도 나던 곳이자, 일정
에 조금만 여유가 있다면 하루 반나절은 머물고
싶던 곳이었습니다.

8.

미국 - LA 라인호텔(The Line Hotel)
라이프스타일 호텔

2019년 미국 출장에서 가장 좋았던 곳 중 하나인 라인호텔. 위치는 LA에서 가장 뜨는 지역인 한인타운 윌셔 지역으로 위치도 좋고 사방으로 트여 있어 객실 전망도 굉장히 좋다고 합니다. 무엇보다 가장 놀라웠던 점은, 너무도 세련된 스타일의 라이프스타일 호텔이라는 점이었어요.

예전 국제주의 냄새가 물씬 풍기는 콘크리트 건물을 있는 그대로 거칠게 드러내고 팩브릭이라는 독특한 소재를 활용해 회색빛 벽면에 강렬한 색감을 부여함으로써 개성적이면서도 세련된 '갬성'을 이끌어낸 것이죠.

또 독특하면서 레트로한 감성의 가구를 적절히 섞어 노마드 에이스 호텔보다 편안하면서도 멋스런 공간을 표현해냈어요. 뉴욕 혹은 샌프란시스코에서나 볼 수 있던 힙스터들이 다 모여 있더라고요. #역시인테리어의방점은사람

호텔 로비의 ALFREDcoffee! 이곳은 제가 애정하는 곳인데 라인호텔과 찰떡같이 잘 어울렸습니다. 2층 수영장 옆 온실은 마치 성수연방 천상가옥의 LA 버전 같아 살짝 소름 돋기도 했지요.

이미 풀부킹 상태라 아쉽게 발길을 돌려야 했지만, 다음엔 꼭 하룻밤이라도 묵을 기회가 있길 바라봅니다.

9.

미국 - Park MGM 호텔 이탈리(Eataly)

최근 들어 제일 많이 받는 질문 중 하나가 "앞으로 어떤 사업을 더 하고 싶으세요?" 류입니다. 음… 앞으로 OTD의 새로운 기획은 아마도 미국 라스베이거스 Park MGM 호텔 내 이탈리(eataly)에 가장 가까운 모델일 것 같아요.

어느 역사의 거대한 대합실 혹은 건물의 중정 같은 높은 층고에 자유로운 공간을 구현하는 거죠. 그 안에서 다양한 식음 공간과 판매 시설들이 경계 없는 공간을 이루지요. 자유롭게 거닐다가 커피를 마시거나 피자를 먹거나 올리브오일을 살 수도 있어요.

공간을 구축하는 구조는 무엇으로 숨기보다 있는 그대로 노출하되, 우드나 석재 혹은 타일 같은 재료들이 사람이 닿는 표면은 적당히 통일되면서도 다양하게 변형되고 각각의 프로그램들도 시각적으로 열려 있는 방식으로 구현되면 좋을 듯해요.

다양한 생각들이 다채롭게 구현되고 또 서로에게 자극과 영감이 되길 기대하며 말이죠.

www.eataly.com